AF229999

RÉCIT

FAIT EN 1857,

PAR UN OCTOGÉNAIRE NÉ EN 1776.

Henri V le bien aimé

Roi de France et de Navarre

Né le 29 sept.^{bre} 1820

(1857.)

LES
TRENTE PREMIÈRES ANNÉES

DE LA

VIE D'HENRI V

LE BIEN-AIMÉ,

ROI DE FRANCE ET DE NAVARRE,

CI-DEVANT DUC DE BORDEAUX.

RÉCIT FAIT EN 1857,

PAR UN OCTOGÉNAIRE NÉ EN 1776,

Contenant un aperçu des règnes de LOUIS XVI, LOUIS XVIII, CHARLES X, LOUIS XIX, et le commencement de celui d'HENRI V.

Vidi.

———— ◆ ————

PARIS,

J. G. DENTU, IMPRIMEUR-LIBRAIRE,

rue des Petits-Augustins (ancien hôtel de Persan), n° 5.

————

OCTOBRE 1820.

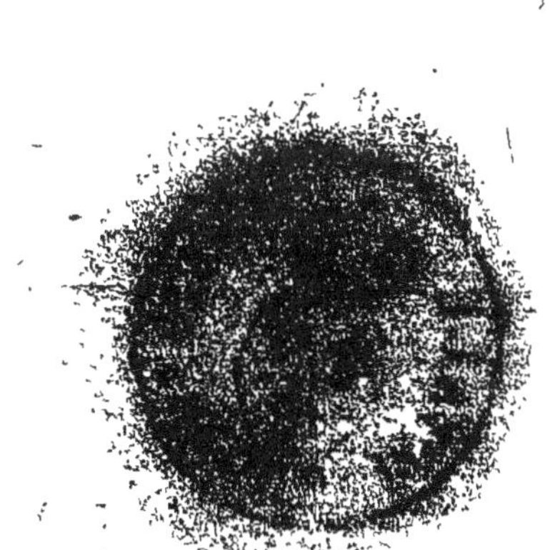

RÉCIT

FAIT EN 1857,

PAR UN OCTOGÉNAIRE NÉ EN 1776.

DIALOGUE

*Entre un octogénaire et son petit-fils Alphonse,
sous-lieutenant au Royal-Dauphin.*

PREMIER ENTRETIEN.

L'OCTOGÉNAIRE (1).

Viens, mon enfant, reposons-nous sous ce berceau ;
l'air pur qu'on respire ici et le murmure de ce ruisseau nous y invitent. Tu m'as souvent demandé de
te raconter ce que j'avais vu dans ma longue carrière ; je ne voulais point troubler ton enfance par
des récits que tu n'aurais pu comprendre. Mais aujourd'hui tu es un homme, tu es sur ton départ pour

---

(1) L'octogénaire est né en 1776, s'est marié en 1808, à
32 ans. Son fils, né en 1809, se maria en 1836, à 27 ans. Ce
dernier eut un fils, qui est Alphonse, lequel, né en 1838, avait
19 ans en 1857.

ton régiment, et mon âge avancé me fait désespérer
de te revoir. Mon récit sera un complément à l'histoire de France que tu as apprise dans ton collége.
J'ai vu débuter dans la carrière littéraire, notre fameux Lamartine. Jeune alors, je fus enthousiaste
de son talent. Louis XVIII régnait ; ce prince, doué
d'un esprit fin, aimait beaucoup la littérature. Elle
avait adouci l'amertume de son long exil. Il donna
au jeune poëte de nobles encouragemens. Un des
vers qui m'a le plus frappé, dans les *Méditations* de
Lamartine, c'est celui-ci :

> Ne pourrons-nous jamais, sur l'océan des âges,
> Jeter l'ancre un seul jour ?

En disant cela, il était, en 1820, l'organe de toute
la société européenne. Mon cher Alphonse, tu es
parvenu à cet heureux temps où les Français ont
pu jeter l'ancre ; le bonheur la retient, et notre
Henri v, par ses vertus et sa fermeté, empêche que
les tempêtes viennent troubler notre océan.

Je naquis en Bretagne, dans cette nébuleuse pro-
vince dont l'habitant, Français dans l'âme, a un
caractère décidé. Moins brillant peut-être que les
autres, il a conservé les mœurs, les coutumes de ces
fiers Bretons qui donnèrent des maîtres à l'orgueil-
leuse Albion. Je fus élevé à Paris. Ce fut dans les
maisons d'éducation que la philosophie moderne
jeta, en 1780, ses premières instructions, et trouva
le plus de sectateurs ; prêchant l'indépendance et

l'oubli des devoirs , elle devait plaire à de jeunes cœurs qui ordinairement ne désirent que la liberté et la licence. Jeune comme les autres , je bus avec avidité à la coupe empoisonnée. Mes parens furent épouvantés des petits raisonnemens que je leur faisais dans mes lettres. Ils voulurent me rappeler ; mais un oncle très-riche que j'avais à Paris, me retint. Ainsi que tant d'autres, il se jeta avec enthousiasme dans la révolution , que l'on appelait *la réforme.* Comme beaucoup d'honnêtes gens, il ne demandait que la réforme des abus qui entouraient le trône. Il ne trouva, comme eux, au bout du compte, que l'anarchie et la mort. Je vis donc commencer la révolution, dont le seul nom fera peur à nos neveux; je vis la première scène de cette terrible tragédie. En vain ma famille essaya de nouveau de me rappeler : les évènemens se succédaient avec tant de rapidité, que, quoiqu'enfant , je voulus rester avec mon oncle; mes questions naïves sur le nouvel ordre de choses l'amusaient; il me donnait des leçons de liberté et d'égalité, leçons que souvent je ne pouvais pas très-bien comprendre ; étant plus empressé à courir aux réunions patriotiques qu'à veiller sur moi, je me trouvais livré à moi-même. Le premier emploi que je voulus faire de cette liberté dont on me parlait, fut de ne plus vouloir aller au collége; je me mis à courir les rues; j'étais partout, au Palais-Royal, au Luxembourg, aux Feuillans, à tous les rassemblemens. Ma petite

taille m'aidait à me faufiler partout. Que de choses
étranges j'ai vues et entendues ! J'avais à peine qua-
torze ans à la fin de 89, lorsque le Roi Louis xvi fut
obligé de quitter Versailles, à la suite des journées
des 5 et 6 octobre. La canaille de Paris avait été le
chercher. Je courus à la barrière; je vis arriver le
hideux cortége qui ramenait l'auguste famille royale.
J'essayais de me grandir, lorsqu'un homme du peuple me prit sur ses épaules; je vis le héros de la
fête, La Fayette, monté sur son cheval blanc,
qui était si crotté, qu'on pouvait à peine distinguer
sa couleur; des femmes échevelées, portant des
piques, tenaient la queue de l'animal, ôtaient la
boue dont il était couvert; d'autres embrassaient les
bottes du marquis. Je vis la figure de la Reine; la
tristesse la couvrait. J'ai quatre-vingts ans, je n'ou-
blierai jamais cette physionomie. Je demandais à
l'homme qui me tenait, ce que l'on allait faire au
Roi. Il me répondit : On dit qu'on va le rendre plus
heureux et plus puissant que jamais; cela me ré-
jouit. Mais les moyens que je voyais prendre pour
cela me parurent un peu rudes. J'avançais en âge,
ma raison se formait; j'entendais : *Vive la liberté, ou
la mort!* ce dernier mot sonnait mal à mes oreilles;
on me disait que nous marchions au bonheur; et je
voyais partout des piques avec des têtes au bout.
Les massacres de septembre arrivèrent; ces jours
sinistres ne sortiront jamais de ma mémoire. Je vis
trois antropophages se tenant par le bras; un d'eux

traînait par une longue chevelure une tête : c'était celle de la vertueuse princesse de Lamballe. Un autre portait dans ses mains un lambeau de chair : j'appris bientôt que c'était le cœur. Ils entrèrent chez un marchand de vin, et ils firent leur infâme repas avec ce cœur.. Je fus saisi d'effroi. Je courus pour m'enfermer chez moi, lorsqu'en passant près du Théâtre-Français, je vis une longue file de monde ; je crus qu'on massacrait quelqu'un ; mais ces figures tranquilles me rassurèrent ; c'était la queue des amateurs du spectacle qui se serraient sous le pérystile pour prendre des billets, tandis qu'à quelques pas de là on égorgeait. Ce rapprochement hideux me serra l'âme : la jeunesse cache difficilement ses sensations. Un homme à figure respectable vit les miennes ; il me dit à voix basse : Mon enfant, on assassine tous les jours, et tous les jours Talma et Vestris attirent la foule : cachez cette terreur qui vous honore, elle vous compromettrait. .. .. ..

Au milieu de toutes ces horreurs, tandis que les hommes courbaient leur front sous un joug honteux, les femmes seules montraient de l'énergie et du courage. Que de beaux traits ! on en ferait mille volumes. Je ne te citerai que la jeune Sombreuil, qui sauva son père des assassins de septembre. Un des scélérats lui présenta un verre de sang pour boire à la santé de la liberté ; elle l'avala, et enleva l'auteur de ses jours sur ses épaules. Tu frémis, mon enfant ; j'abrégerai ces détails : mais je voudrais que l'histoire, au lieu de jeter un voile sur de si coupables excès, les retraçât au contraire avec force, pour que nos neveux, saisis d'une crainte salutaire, fussent toujours dégoûtés des factions. Le mois de janvier 1793 arriva; j'avais alors dix-sept ans; je commençais à sentir vivement. Je vis commencer le procès du plus juste des hommes; je me trouvai à la dernière audience.

Le vénérable Malesherbes passa à côté de moi; sa robe toucha mon habit; ses efforts, son éloquence furent inutiles. Louis fut condamné. Quels étaient ses crimes? Je ne pus voir ce jour-là la victime. Le 21 janvier arriva; je courus sur le boulevard Bonne-Nouvelle, lorsque la voiture du deuil de la France passa; elle était verte; deux fusils étaient en travers; toutes les fenêtres étaient fermées; tout dans cette immense cité avait l'air morne; on aurait cru que la peste y exerçait depuis long-temps ses ravages. Je courus à travers les rues; je parvins à la place Louis xv, lorsque le martyr arriva; voulant le voir de près, je me jetai dans les jambes des soldats, et me trouvai en face de l'échafaud. Je ne puis te décrire cette scène d'horreur. Louis xvi était calme; il se dépouilla de son habit, reçut les consolations du vénérable Edgeworth. J'entendis distinctement ce saint homme dire au Roi : « Fils de saint Louis, montez au ciel. » Il quitta le prince, laissa tomber auprès de moi un livre; je le lui ramassai : il me regarda, et put voir les larmes qui inondaient mon visage. Un roulement m'empêcha d'entendre les dernières paroles du monarque.

Après la mort de ce prince, ses bourreaux se déchirèrent entr'eux, telles que les bêtes féroces de Rome qui, après avoir mis en pièces l'homme qu'on livrait à leur fureur, se battaient entr'elles. Mon oncle, enthousiaste de la révolution, cessa de l'être lorsqu'il vit tomber la tête du Roi; il abjura ses erreurs, et fut arrêté quelques jours après. Je l'accompagnai au comité de salut public; comment te dépeindre ce lieu! Des hommes couverts de sales bonnets rouges, sans habits, prononçaient d'une voix rauque, au milieu d'une épaisse fumée de tabac, sur le sort de milliers de personnes. Ce sont ces hommes qui, pendant plusieurs années, ont régi cette France si noble, si brillante de beaux sentimens. Mon oncle fut condamné dans une demi-heure; on me l'arracha : il mourut avec courage, abhorrant, comme tant d'autres, les doctrines qui l'avaient séduit. Seul, ne sachant que devenir, je m'engageai dans un régiment de cavalerie : l'honneur français épouvanté avait quitté les villes, et s'était réfugié dans les camps.

Je me trouvai servir dans le 3e régiment d'hussards, avec le comte d'Autichamp, qui avait passé pour le meilleur officier-général de cavalerie. Il était entré comme simple soldat, pour sauver sa tête; il s'ouvrit à moi, et je fus le seul qui connus son secret. Il est mort maréchal de France et cordon bleu, en 1830.

En...... je me trouvai au bord du Rhin, lorsque Louis XVIII, sur la rive opposée, se montra aux républicains, en disant : *Voilà votre Roi !* On aurait pu l'abattre d'un coup de fusil, mais une secrète crainte retint tous les bras, et plusieurs soldats donnèrent des marques de respect.

Le fanatisme de la gloire s'était emparé des Français, tandis que notre malheureuse patrie était la proie d'une poignée de scélérats inconnus jusqu'alors : nos armées cueillaient des lauriers, mais leur triomphe était souillé par les brigandages de lâches proconsuls dont le pouvoir était suprême ; ils envoyaient le général victorieux à la guillotine. La mission de ces hommes redoutables ne fut pas le trait le moins remarquable du délire révolutionnaire ; les créateurs de la révolution tombaient sous leurs propres coups. Le farouche Danton fut écrasé par son heureux rival Robespierre : en montant sur la fatale charrette, il dit à un de ses collègues : « Mon ami, s'il y a une révolution dans l'autre monde, ne nous en mêlons pas. » Robespierre, à son tour, tomba : il mourut avec la lâcheté d'un scélérat obscur. La France sembla alors vouloir briser ses honteuses chaînes. Le peuple le plus aimable, qui passait pour le plus humain, s'était transformé en peuplade d'assassins ; le sol brillant de l'antique Gaule était couvert de décombres; Toulon, Lyon, Marseille disparaissaient sous le marteau destructeur; la Vendée était jonchée de cadavres ; le Français y égorgeait le Français. Tandis que les souverains étrangers, sous prétexte de venger Louis XVI, cherchaient à arracher quelques lambeaux de la France, des paysans, guidés par quelques braves audacieux, les uns d'une grande naissance, et les autres de la plus basse classe ; des paysans, dis-je, se levaient en masse pour venger un monarque ; ils sacrifièrent à cette belle cause leur bien et leur vie ; ils affrontèrent la mort avec cette audace si commune à notre nation. L'intérêt n'était pour rien dans leur conduite; car, tout simples qu'ils étaient, ils savaient bien que les rois payent d'ingratitude les plus beaux dévoûmens. Les républicains, aigris par les échecs qu'ils essuyèrent dans cette lutte, appelèrent les Vendéens *des brigands*. Bien long-temps après, les passions réveillées continuèrent à leur donner cette dénomination flétrissante ; mais aujourd'hui que l'habileté et les vertus de notre Henri V les ont assoupies, les Vendéens ne sont plus des brigands : l'histoire ne voit en eux que des hommes dévoués; elle a consigné dans ses fastes leur courage audacieux. Je fis cette guerre déplorable, fus pris et mené à Saint-Florent. Le brave Bonchamp y était expirant de ses blessures. Ses soldats furieux demandaient la mort de cinq mille républicains que nous étions ; mais ce chef expira en donnant l'ordre héroïque de respecter nos jours. Les Vendéens obéirent en disant : *Bonchamp le veut.* Ce trait fit faire beaucoup de réconciliations au retour de Louis xviii. Ne t'en étonne pas, mon enfant, le Français est bon et juste, lorsqu'il n'est pas égaré.

Je quittai la Vendée en 1795, et fus à l'armée de Suisse. Je me trouvai à Bâle, lorsque la fille de Louis xvi y fut échangée. J'étais auprès de sa voiture ; je pus considérer de près ses nobles traits. Sa mélancolie rendait sa figure plus belle et plus intéressante. Je crus revoir la reine sa mère, que je n'avais fait qu'apercevoir en 89, revenant de Versailles.

La belle campagne d'Italie, de 1796, commence ; Buonaparte y jeta les fondemens de sa réputation militaire. Par un rapprochement bizarre, ce général, fils d'un bourgeois de Corse, chassait de tous les asiles Louis xviii, l'héritier de soixante-cinq rois. Ce prince, invité par le sénat vénitien de sortir du territoire de la république, fit effacer le nom de sa famille du livre d'or. La complaisance qu'avait eue le doge pour les Français, dans cette occasion, ne lui fut pas bien utile : Venise fut conquise quelque temps après, et le terrible arbre de la liberté fut planté sur la place Saint-Marc.

Le directoire français, effrayé de la gloire de Buonaparte, voulut s'en défaire, et lui donna le commandement de l'expédition de l'Egypte. Mais bien loin de nuire à ce général, ce ne fut que lui préparer de nouveaux succès ; il planta le drapeau républicain à Saint-Jean-d'Acre, sur la même tour qui avait vu flotter l'oriflamme de Philippe-Auguste. Les Français voulaient éviter les monumens de gloire de la France monarchique ; ils en trouvaient partout, même sur les sables brûlans de l'Egypte. J'étais de cette célèbre expédition. Je fus fait chef d'escadron sous les remparts de l'antique Ptolémaïs. Pendant notre absence, notre patrie, gouvernée par le faible et ombrageux directoire, était livrée à l'anarchie. Buonaparte le sut. Ambitieux plus qu'il n'avait été possible de l'être, il quitte son armée, dont la position devenait tous les jours plus périlleuse. Il arrive à Fréjus en quarante-huit jours, avec trente personnes. J'étais du nombre. Je m'étais attaché à cet homme bizarre. On veut l'arrêter dans le port ; il se moque des lois sanitaires, arrive à Paris, trompe tous les partis, dissout le gouvernement dans l'espace de quelques heures, malgré l'assemblée qui représentait la nation, et dont la vaine loquacité ne put tenir contre les baïonnettes de quelques grenadiers. J'étais dans l'orangerie de Saint-Cloud lors de cet évènement, qui eut de si grandes conséquences pour la France ; et malgré le sérieux du moment, je ne pus m'empêcher de rire en voyant les législateurs en robes sautant par les fenêtres. Un d'eux se jeta à mes genoux pour que je le sauvasse de la fureur des soldats ; il a été depuis ministre. J'eus

occasion d'aller à une de ses audiences ; je né pus
m'empêcher de faire un drôle de rapprochement en
voyant sa suffisance, attribut naturel de sa place. Il
ne pensait certainement pas alors au saut périlleux
des fenêtres de Saint-Cloud.

Buonaparte, pour conserver les formes de la chi-
mérique république, prend le titre de *consul :* toutes
ses conquêtes d'Italie avaient été perdues, il fallait
remonter l'opinion ; il rassemble une armée, passe
les monts, suivi d'une foule d'officiers jeunes comme
lui, et qui avaient leur fortune à faire. Les Autrichiens concentrés lui offrent la bataille, il l'accepte :
c'était jouer le tout en un seul coup. La lutte s'engage.
La bataille est à demi-perdue ; un jeune héros arrive
au pas de course, rétablit le combat, et ramène la
victoire ; mais frappé d'un coup mortel, au milieu de
son triomphe, il tombe couvert de lauriers, comme
Gaston de Foix à Ravenne, au même âge, sur la
même terre, et, comme lui, l'orgueil de la patrie.

A son retour, le vainqueur reçut le plus pur en-
cens ; la clémence le suit partout. Les émigrés ren-
trent en foule ; ils recevaient de lui un accueil gracieux : les royalistes le proclament un nouveau
Monk ; mais les révolutionnaires qui voulaient tout,
excepté les Bourbons, firent entendre leur cri féroce.
Ils étaient encore à craindre : les méchans le sont
toujours ; il fallait se tirer de ce pas difficile. Il s'en
tira par un crime. Contre tous les droits des gens,
il fait prendre le duc d'Enghien, le fait traîner à

Vincennes, et le fait fusiller. Des Français ne furent pas condamnés à anéantir la noble race des Condé ; de farouches soldats sortis des montagnes de l'Albanie, mamelouks dans la garde consulaire, fusillèrent ce malheureux prince. Cette mort mit la consternation dans Paris ; elle couvrit d'opprobre celui qui l'avait commandée.

ALPHONSE.

Dites-moi ce qu'était devenu Louis XVIII et sa famille ?

L'OCTOGÉNAIRE.

En 1796, Louis XVIII avait trouvé un asile dans les États de Paul Ier, empereur de Russie. Il y avait uni le jeune duc d'Angoulême, son neveu, à l'intéressante fille de Louis XVI. Le conclave réuni à Venise pour élire un pape après la mort de Pie VI, avait envoyé un ambassadeur à ce Prince, comme roi de France. Paul Ier s'était déclaré franchement contre la révolution française, et s'était joint aux autres souverains ; mais aigri par les revers de Suwarow à Zurich, et par la duplicité des cours européennes, il abandonna brusquement la coalition. Il fit dire à Louis XVIII de quitter Mittaw dans les vingt-quatre heures. Le petit-fils du puissant Louis XIV quitta son asile le 21 *janvier* 1801, obligé de marcher à pied, dans les neiges, soutenu par la duchesse d'Angoulême ; moderne Antigone, elle adoucit ses peines par ses tendres soins. Quel spectacle pour le monde! Retiré à Varsovie, Louis xviii reçoit, de Buonaparte, un message pour l'engager à lui céder ses droits à la couronne. Il refusa noblement pour lui et pour toute sa famille. Il me parut bien étonnant que le consul, entouré de conseillers habiles en politique, eût fait une pareille école; en demandant à Louis xviii d'abandonner ses droits, c'était les reconnaître, et s'avouer plus tard usurpateur.

Buonaparte, dédaignant le titre de consul à vie, prend la pourpre et le nom de Napoléon, aussi nouveau que sa fortune. Ce qui alors parut le plus extraordinaire, c'est qu'il ne trouva que très-peu d'opposition. Cette foule de généraux, fameux avant que Buonaparte fût officier, se soumirent sans murmures à un homme qui avait à peine 30 ans. Il institua en même temps l'ordre de la Légion d'honneur. Il savait combien la croix de Saint-Louis avait créé de braves. Les vieux jacobins rugirent en voyant cette innovation toute monarchique. Ils virent que la cause de leur république était perdue à jamais; ils s'en consolèrent en se parant de ces cordons qu'ils appelaient naguère *la livrée de l'esclavage*. Ils prirent de gros appointemens. Napoléon en rit, les méprisa, les éloigna des emplois, et leur laissa de l'argent. Je ne te déroulerai pas la vie politique de Buonaparte, tu la connais; il porta notre gloire militaire au plus haut point; mais n'aimant la France que pour la faire servir à son insatiable ambition, il devait nécessairement tomber. Peu de temps après s'être uni à la fille des Césars, il fût en Russie faire enterrer 200,000 soldats dans les neiges. J'échappai avec un pied gelé. L'Europe toute entière s'ameuta contre notre patrie, et l'envahit. Les étrangers foulèrent en tremblant ce sol si fertile en héros. Napoléon voulut les arrêter par de savantes manœuvres qui, en 1814, rappelèrent le brillant vainqueur de l'Italie de 1796. Mais il fut accablé, perdit l'Empire, et ne sut pas se faire tuer. Constantin Paléologue, empereur d'Orient, voyant les Turcs maîtres de ses États, ne voulut pas survivre à cette perte; il se jeta au milieu de ses ennemis, et trouva une mort glorieuse.

Paris eut la douleur de voir des vainqueurs dans ses murs; douleur qu'elle n'avait jamais eue sous ses Rois. J'ai vu, mon enfant, les sauvages guerriers du Tanaïs attacher la corde de leurs chevaux à la grille des Tuileries. J'ai vu les ponts couverts de canons, tels que j'avais vu les nôtres couvrir ceux de Milan, du Caire, de Vienne, de Moscou. Qu'elle vue pour un soldat criblé de cicatrices! Je coupai mes larges moustaches et cachai ma croix. Je fus loin de Paris enterrer mes regrets; mais l'espérance m'y ramena quelques jours après : les Bourbons nous étaient rendus. J'accourus pour les contempler; je n'en avais jamais vu qu'un, mais je l'avais vu monter au ciel.

Je me trouvai à la porte Saint-Denis lorsque

Charles x, alors comte d'Artois, passait. Quelle af-
fabilité! quel sourire gracieux! « Il n'y a rien de
changé en France, dit-il; il n'y a qu'un Français
de plus. » Paroles enchanteresses! elles caressèrent
agréablement mon oreille. Elles sont devenues na-
tionales, comme celles de Louis xii et d'Henri iv.

L'aîné des Bourbons arriva avec toute sa famille.
La bonté répandue sur ses traits pénétra tout le
monde de bonheur. Le plaisir de revoir la France
rendait le monarque ivre de joie. Quel délire régnait
dans Paris! ce n'était que fêtes et jeux. La guerre
cessa entièrement. Par le traité de Paris, notre patrie revint ce qu'elle était en 1789, sous ses rois lé-
gitimes, parce que la légitimité conserve tout. Les
alliés auraient bien pu s'emparer de plusieurs provinces, mais ils n'en firent rien : les Bourbons
étaient là. Ainsi, après une suite d'exploits que les
siècles à venir prendront pour des fables, dit l'his-
torien Mazas, que reste-t-il matériellement à la
France de tant de sang et de tant de sacrifices? Une
colonne sur la place Vendôme. Nous ne jouîmes
pas long-temps de la tranquillité. Le Roi se trouvait
dans une position bien difficile. Son retour, ou plu-
tôt la chute de Buonaparte, avait lésé beaucoup
d'intérêts. Une foule d'employés supprimés dans les
départemens perdus, affluèrent à Paris, ainsi qu'un
nombre considérable de prisonniers de guerre, à
qui on ne pouvait pas faire comprendre que c'était
le Roi qui avait brisé leurs fers. Tout le monde

voulait des places. Des traîtres alarmèrent l'orgueil
de l'ancienne armée, tandis qu'on la comblait de
grâces; ils disaient aux acquéreurs de biens natio-
naux qu'on allait reprendre ces biens : c'était inexé-
cutable; aux paysans, que la dîme allait revenir,
ainsi que la corvée. Quelque ridicules que fussent
ces discours, ils n'en trouvaient pas moins des partisans. Buonaparte, par une maladresse européenne, avait été mis à l'île d'Elbe; il voyait de là
cette France où il avait régné en despote. Ses émis-
saires sèment partout la trahison ; il débarque à
Fréjus; tout le monde est pétrifié ; de grands personnages, des généraux fameux eurent la faiblesse
d'être félons. Les Bourbons, trop confians, parce
qu'ils avaient de l'honneur, furent obligés de se
retirer.

ALPHONSE.

Personne ne prit leur parti? je l'aurais pris si j'a-
vais été là.

L'OCTOGÉNAIRE.

Certainement tout le monde ne fut pas traître.
D'illustres officiers restèrent fidèles à leurs ser-
mens : Macdonald, Oudinot, Victor, Bordesoult,
Digeon et bien d'autres soutinrent la loyauté française. Ils trouvèrent des imitateurs dans toutes les
classes. Les femmes surtout laissèrent paraître un
élan extraordinaire. Les élèves de l'Ecole de Droit
quittèrent leurs bancs, s'enrégimentèrent, et suivirent le Roi dans son exil : action grande et noble ;

2

car tant que le monde existera, on regardera toujours comme grand et généreux de suivre la fortune d'un prince malheureux. Un homme qui n'était pas militaire, suivit le Roi, avec sa femme et ses cinq enfans.

L'Europe ne pouvait pas laisser Napoléon sur le trône : elle arma. Leur ennemi n'était plus que l'ombre du vainqueur d'Austerlitz. Il fut au-devant des coups. Une lutte sanglante s'engagea ; la fougue française fut victorieuse le premier jour ; mais, le lendemain, elle fut accablée. Les champs de Waterloo virent périr noblement des milliers de guerriers victimes d'un zèle mal entendu. Leur chef, qui voyait détruire toute son espérance, ne suivit pas encore l'exemple de Constantin Paléologue. Il était demi Italien ; il connaissait fort bien le proverbe : *Salvar la panssa* (sauver le ventre, la peau) ; il la sauva avec un bon cheval, tandis que ses soldats se faisaient hacher. Le fugitif arriva à Paris. Pendant son absence, le jacobinisme s'était emparé du pouvoir. Il chercha quelque temps à le lui disputer ; mais les alliés arrivaient. Il fut pris comme un rat, et jeté sur les rochers de Sainte-Hélène, pour épouvanter le monde. Son échappée de l'île d'Elbe coûta à notre patrie deux milliards, la vue désagréable des étrangers, et son repos pendant deux lustres. Les Bourbons, en revenant, avaient le droit de punir : ce droit irrita ; il en résulta des conséquences terribles. Notre sol fut occupé pendant cinq ans ; il paya une

contribution de sept cents millions. La France remplit ses engagemens avec une exactitude qui inspira
aux alliés un profond respect.

Jamais Prince ne se trouva dans une position
aussi difficile que Louis XVIII à cette époque; sa
conduite était blâmée à tort et à travers, comme cela
arrive ordinairement. J'étais dépité; je me répétais
à moi-même ce vieux proverbe des cuisinières : « Celui qui tient la queue de la poêle est le plus embar-
rassé. » Le Roi souffrait continuellement, ne pouvait
sortir. Plus malheureux qu'un particulier, il était
poursuivi par l'étiquette, et n'avait aucune distrac-
tion. Il se trouvait alors dans le ministère un homme
doué d'un esprit brillant, de formes aimables, connu
par des succès auprès des femmes ; il était ministre
de la police; sa place le mettait à même de savoir
tout ce qui se passait à Paris. Il plut au Roi par ses
narrations spirituelles. M. Decazes devint favori, et
c'était naturel. La faveur lui tourna la tête ; des en-
vieux blessèrent son amour-propre; de très-dévoué
qu'il était aux Bourbons, il devint l'ennemi de leurs
amis. Voulant être maître, il imagina un diable de
système qui consistait à écarter tout ce qui était
exagéré, et à louvoyer, à nager entre les partis; il fut
appelé *la bascule*. Ce système plut au Prince, qui
était ami des formes douces, et à qui le mot *punir*
faisait mal. Ce système, suivi avec impartialité,
aurait pu aller long-temps ; mais Decazes s'en écarta.
Il recevait des camouflets de partout; ce sont les

revers de la tapisserie pour un favori. Un homme sage, Mazarin, en aurait ri ; lui se fâcha comme un enfant, et voulut faire le Richelieu ; le rôle lui allait mal ; il écarta du trône la justice et la morale ; sans elles les empires s'écroulent ; mais le ciel arrêta la France au bord du précipice. Il se fait tard ; mon fils, rentrons ; demain je continuerai mon récit ; je suis affaibli.

DEUXIÈME ENTRETIEN.

ALPHONSE.

Mon père, vous ne m'avez pas dit hier ce qu'étaient devenus ces braves élèves de l'Ecole de Droit.

L'OCTOGÉNAIRE.

Un ministère perfide et inhabile abusa de la confiance du Souverain ; il signa, au nom du Roi, une ordonnance qui amnistiait comme des coupables les élèves de l'Ecole de Droit, et tous ceux qui avaient suivi le Roi à Gand ; ton père fut du nombre. Tu dois comprendre, d'après ce trait, quelle fut dans la suite la conduite de ce ministère. Je ne la dépeindrai pas. Les jacobins, qui virent sa faiblesse, se levèrent ; leur nom sonnait mal à l'oreille ; ils prirent celui de *libéral.* Ils prêchèrent, dans des écrits incendiaires, la discorde et la rébellion ; ils séduisirent, par des phrases insidieuses, la jeunesse ; ils s'érigèrent insolemment en défenseurs de la gloire nationale.

Le militaire français ; savant dans l'art de vaincre, mais ignorant dans l'art des factions, donna dans le piége ; un très-grand nombre de braves officiers ne vit dans ces hommes amis de l'anarchie que de mâles défenseurs des libertés publiques ; plusieurs mêmes unirent leur voix à leur affreux concert. Des personnages qui avaient acquis une triste célébrité au commencement de la révolution, que beaucoup de monde croyait mort, reparurent sur la scène politique ; les plus remarquables furent le noble Lameth, le régicide Grégoire et le garde national La Fayette, qui sortit bêtement de son exil, ayant un pied dans la tombe. Un homme de beaucoup d'esprit dit alors, que M. de La Fayette ressemblait à une vieille lampe qui pue en s'éteignant. La nation se trouva alors divisée en deux partis, les amis de la monarchie et ses ennemis ; les premiers étaient plus nombreux, mais désunis, sans force individuelle, entichés de prétentions ridicules, égoïstes à l'excès, parce qu'ils avaient été malheureux ; ils étaient d'un parti, et n'aimaient pas ceux qui pensaient comme eux. Leurs adversaires, au contraire, étaient serrés, marchaient droit à leur but, sacrifiant tout à l'intérêt commun ; on ne pouvait mieux comparer ces derniers qu'à la phalange macédonienne qui marchait sans se désunir au milieu de flots de Perses mal aguerris, quoique tous courageux. La garde royale soutenait seule la monarchie ; ces 15,000 braves, commandés par des hommes d'un

courage éprouvé, étaient la terreur des méchans ;
méprisant leurs attaques , ils allaient droit leur
chemin. Ces vieux grenadiers, couverts des lauriers d'Austerlitz et de Wagram , représentaient
alors toute la France; ils possédaient à eux seuls
tous les beaux sentimens qui faisaient la gloire de
nos aïeux ; leur fière contenance faisait reculer la
révolution.

Une fièvre politique agitait tous les esprits ; elle
devait enfanter une catastrophe ; un scélérat, un
séide , Louvel enfin , se montra aux regards des jacobins éperdus ; il remplit leur attente. Tu as lu la
relation de son crime par l'auteur éloquent d'*Atala.*
Louvel, en plongeant le poignard dans le sein du
duc de Berry, croyait tarir le sang de saint Louis.
La Providence, qui ne transige jamais, trompa l'espoir des pervers ; elle enleva la victime au ciel , et
laissa dans le sein de Caroline de quoi perpétuer
la lignée d'Henri iv.

J'étais à l'Opéra lors de l'attentat du 13 février ;
je vis cette scène déplorable ; dès ce moment la tristesse s'empara de moi. Je passais tous les jours sous
les fenêtres de l'auguste veuve ; mon état pénible ne
cessa que lorsque j'entendis, le matin du 29 septembre 1820 , le treizième coup de canon. J'avais
bien souvent entendu résonner cet instrument de
mort ; il avait toujours porté dans mon âme un sen-
timent pénible, comme annonçant la destruction ;
mais cette fois, qu'il me parut doux ! Je courus aux

Tuileries ; des despotes auraient fait fermer les portes : les Bourbons laissèrent approcher tout le monde ; les appartemens formaient une réunion bizarre et attendrissante ; grands seigneurs à figures glacées , magistrats compassés, joyeux militaires de tous grades, femmes élégantes, bonnes d'enfans, cuisinières, laquais , jusqu'à des postillons, tout le monde parlait à la fois. Charles x, alors le comte d'Artois, me serra dans ses bras, sans me connaître. Quel délire de joie! il faut l'avoir vu pour le croire. Quelle admiration générale pour la duchesse de Berry! Cette princésse, d'un physique délicat, montra un courage surnaturel, que l'on ne peut exprimer. Toute la population de Paris dansait, riait et pleurait. Je vis, dans cette mémorable journée, des pleurs couler des yeux des libéraux apprentis, qui, séduits par les belles phrases des jacobins, s'étaient rangés sous leur bannière, et qui se croyaient ennemis des Bourbons. Je ris de ces larmes arrachées, qui me rappelaient l'histoire de ce jeune homme qui, chargé par la cabale de siffler la tragédie d'*Inès de Castro*, donna le sifflet à son voisin, en lui disant : « Siffle, toi, pour moi je ne le puis ; je pleure. »

La branche aînée des Bourbons revivait pour la troisième fois; car Louis xiv ne vint au monde qu'après vingt-deux ans de mariage. La famille de ce monarque périt autour de lui; il ne lui resta qu'un enfant débile, Louis xv, dont on désespérait ; et le jeune duc de Bordeaux fut donné par le Ciel après l'assassinat de son père.

Deux jours après la naissance du duc de Bordeaux, j'eus un rêve terrible ; je voyais cet auguste enfant seul dans son berceau. Un homme à figure hideuse parut ; sa tête était couverte d'un bonnet rouge ; mais du reste, recherché dans sa mise, il se mit à crier : *Nous le tuerons !* Mais au même instant, un grenadier de la garde, paré du signe de l'honneur, parut auprès du berceau, croisa la baïonnette, et perça le cœur de l'infâme. Une voix venue du ciel, fit entendre ces mots : «Jacobin, ton règne est fini. » Je m'éveillai ; je courus aux Tuileries tout effrayé. A onze heures, je vis la gracieuse figure de la duchesse de Berry. Cette femme héroïque faisait voir son fils au peuple à travers les vitres. Je fus tranquille à cette vue ; mais je le fus encore davantage quand je vis défiler les grenadiers de la garde. Ils ressemblaient tous à celui que j'avais vu en rêve.

ALPHONSE.

Que devint le favori Decazes?

L'OCTOGÉNAIRE.

Nommé à l'ambassade de Londres, il fut cassé de ses fonctions quelques mois après par le Roi, qui revint sur son compte, et qui oublia, dans les caresses enfantines du jeune Prince, les quolibets et les narrations scandaleuses de son ancien favori. Mais celui-ci avait une fortune immense que personne ne pouvait lui ôter. Au moment qu'il se promettait de bien en jouir, il finit sa carrière tragicomiquement. Voyageant en Piémont, en 1823, il fut arrêté, par le mauvais temps, dans un bourg, comme d'autres voyageurs. Il voulut prendre de force une chambre qui était occupée par Bergami, le ci-devant favori de la reine d'Angleterre. L'Italien ne voulut pas céder le terrain ; il s'ensuivit une rixe. Bergami força Decazes à se battre au pistolet. L'ex-chambellan brûla la cervelle à l'ex-ministre, qui avait pris pour témoin le seul Français qui se trouvait dans l'hôtellerie : c'était Potier, comédien facétieux, célèbre de mon temps, et qui fut grillé sur le théâtre Saint-Martin, en 1825, en jouant dans *les Petites Danaïdes*, parodie dans laquelle il y avait un enfer qui mit le feu au théâtre.

ALPHONSE.

Que devint ce célèbre Bergami, dont j'ai de mauvais Mémoires ?

L'OCTOGÉNAIRE.

Au lieu de jouir tranquillement de la fortune que lui avait faite la reine, il se mit en tête de vouloir jouer un rôle. Il se mit au service de la Turquie, devint pacha, et fut tué par les Autrichiens, au siége des Dardanelles.

ALPHONSE.

Continuez, je vous prie, mon bon père, votre récit politique ; nous en étions en 1820, à la naissance du duc de Bordeaux.

L'OCTOGÉNAIRE.

Cet heureux évènement fit sensation sur toutes les classes. Il rattacha à la monarchie tous les gens de campagne, qui le regardaient comme un miracle. Les fins politiques, les calculateurs, les ministres, conseillers d'Etat, maîtres de requêtes, préfets, toute la gente bureaucrate, jugèrent que cette naissance consolidait la maison des Bourbons. Ils devinrent plus fervens, sauf à rester immobiles, si le jeune Prince avait le moindre rhume. Les coquins en furent pétrifiés, et n'espérèrent que dans le poignard ; mais leur espoir fut vain : leur affreux souhait ne s'est jamais réalisé. Le funeste système de la bascule avait laissé des fermens de discorde qu'il n'était pas facile à détruire. Le Roi, moins souffrant, depuis que le duc de Bordeaux était venu au monde, fit tout par lui-même, et les branches de l'administration s'en ressentirent. Le secrétariat d'État fut rétabli, et confié à M. de Vaublanc (1); toutes les ordonnances signées par le Roi, restèrent dans ses mains; il donna des ampliations. Maret s'était fait une grande réputation dans cette place délicate. Le Roi marcha toujours dans le chemin de la justice et de la morale : sa puissance s'en accrut. Il fit rayer des ordonnances, celle qui amnistiait les Français qui avaient été à Gand ; il leur donna des distinctions flatteuses. Les élections de 1820 furent meil-

______

(1) M. d'Aulnois lui fut adjoint.

leures qu'on ne l'avait espéré. Savary, duc de Rovigo, fut nommé député dans le département des Ardennes. Les libéraux le reçurent comme un don du ciel : il entra dans la salle des séances, s'assit au côté gauche, parla et vota comme Castelbajac, Villèle et La Bourdonnaye, les soutiens du côté droit. Cette plaisanterie politique fit rire tout le monde, excepté le côté gauche, et fit faire même des conversions. Plusieurs officiers - généraux couverts de lauriers, parmi lesquels on distinguait MM. les comtes Foy et Sébastiani, avaient eu la faiblesse de se ranger parmi les députés soi-disant libéraux, la plupart violens démagogues, et tous secrètement jaloux de la gloire militaire ; ils s'en retirèrent peu à peu, et sans se jeter entièrement dans le bord contraire, ils se tinrent dans une réserve louable ; ils abandonnèrent quelque temps après la législature, et reprirent la carrière des armes, dans laquelle ils s'étaient illustrés. Les bulletins de 1838 nous ont dit que l'âge n'avait pas amorti leur courage.

Les fermens de discorde existaient toujours, te disais-je ; cependant, les années 21, 22 et 23, se passèrent assez tranquillement. Le gouvernement eut presque toujours la majorité dans les Chambres.

ALPHONSE.

Etiez-vous à Paris, mon père, lors de l'affaire d'un M. de Pradt avec le pacha de Janina, affaire sur laquelle on a fait de si plaisans livres ?

L'OCTOGÉNAIRE.

J'étais à Paris lors de cette affaire, qui se passa
en 1823; mais tu confonds l'abbé de Pradt avec
l'abbé Louis. Le pacha de Janina, celui qui fit la
guerre à la Porte-Ottomane, demanda à Louis xviii,
après sa défaite, de lui permettre de venir habiter
la France. Il possédait d'immenses trésors, et le
Roi s'empressa de lui donner cette permission. Le
pacha s'établit auprès de Paris, acheta une fort
belle terre baignée par la Seine; il y fit bâtir une
mosquée, un harem, en fit une habitation tout-à-
fait à la turque ; les jardins surtout étaient su-
perbes : il avait amené une esclave circassienne,
dont il était très-jaloux. Cette beauté se promenait
souvent dans ses jardins, mais toujours escortée
d'un eunuque noir qui n'avait rien perdu du caractère musulman. L'abbé Louis avait une possession
voisine de Janina; et depuis l'arrivée du pacha, il
parcourait la Seine en bateau, et lorgnait la Circassienne. Un jour, plus audacieux que de coutume,
il descendit de la barque, entra dans le jardin,
aborda la belle esclave avec cette aisance qui distinguait jadis les petits collets français. Il lui fit beaucoup de complimens, il lui prit même la taille. A cette
vue, l'eunuque noir, courroucé de voir un chrétien
auprès de la femme de son maître, né put se retenir,
et asséna un coup de bâton au galant abbé, et l'étendit.
Le malheureux en mourut quelques jours après. Cette

affaire fit beaucoup de bruit. Le Roi voulut que justice fût faite suivant nos lois. Le pacha, la Circassienne et l'eunuque comparurent devant le juri. Je parvins à entrer à l'audience. Tout Paris s'y était porté. Le pacha fut condamné à une forte amende, comme répondant de son domestique ; l'eunuque ne fut condamné qu'à dix ans de fers, vu les circonstances atténuantes. Les plus fameux avocats parlèrent dans cette cause. Jamais le tribunal n'entendit de plus plaisans plaidoyers prononcés gravement. Quant à M. de Pradt, avec lequel tu confondais l'autre, il finit un peu moins tragiquement. C'était un homme de beaucoup d'esprit, publiciste profond, mais d'une fécondité littéraire accablante. Il aperçut dans un salon une femme charmante ; l'amour lui tourna la tête. Quoique très-vieux, il offrit ses hommages ; la dame, sage autant que belle, mais très-gaie, s'amusa de lui ; enfin, la cervelle de l'ex-archevêque se perdit. On fut obligé de le mettre dans une maison de santé, où il mourut quelque temps après. Le fait est que la fièvre politique avait affaibli ses organes. Les Français, qui rient de tout, l'appelèrent *Nina de Pradt*, et firent pour lui des épitaphes très-plaisantes.

L'année 1823 vit mourir quatre maréchaux, Viomesnil, Jourdan, Beurnonville et Moncey : Il n'en était pas mort depuis le duc de Coigny, qui descendit au tombeau en 1821 ; il eut pour successeur au bâton de maréchal et au gouvernement des Invalides, M. de Latour-Maubourg, ministre de la guerre, qui demanda à quitter ces fonctions. Le Roi nomma deux maréchaux en 1823, M. de Lauriston, ministre de la guerre alors, et M. Bordesoult, commandant une division de la garde. En même temps, il y eut une grande promotion de lieutenans-généraux, dont les plus marquans furent le duc de Guiche, Rochechouart, Dorset, d'Ambrugeac, Edmond de Périgord, Mortemart, et Cambronne, vrai loyal chevalier français, qui, après avoir bien servi Napoléon, prêta serment de fidélité aux Bourbons, et sut le garder. Le général Rapp fut nommé commandant de la division que la nomination du maréchal Bordesoult laissait vacante.

J'avais oublié de te dire qu'à la fin de l'année 1822, on avait découvert le monument élevé à Malsherbes. Le Roi, pour honorer la mémoire du défenseur de son frère, fit passer autour de la statue de ce magistrat le cordon bleu.

ALPHONSE.

C'est une ingénieuse idée.

L'OCTOGÉNAIRE.

Elle le parut à tout le monde. Louis xviii était l'homme qui avait le plus d'esprit du royaume ; de cet esprit fin, léger, qui sait donner du mérite à la moindre chose, qui sait saisir les à-propos avec adresse, l'ornement du caractère français avant nos désastres de 89, et que la révolution fit disparaître, en ne nous laissant que de la rudesse.

Ce prince aimait beaucoup la poésie. Il se plai-
sait à faire réciter devant lui, par la célèbre made-
moiselle Duchesnois, les plus belles scènes de nos
auteurs tragiques , et donnait la réplique de mémoire.

ALPHONSE.

Vous avez vu cette fameuse actrice?

L'OCTOGÉNAIRE.

Très-souvent; elle se retira de bonne heure , au
grand regret des amateurs. C'est dans *Rhadamiste
et Zénobie* , de Crébillon , que je l'ai vue pour la
dernière fois.

L'Espagne et l'Italie, agitées depuis 1820, ren-
trèrent dans le calme. Les carbonari furent écrasés
à Naples. Ils étaient parvenus à organiser une armée
assez forte pour s'opposer aux Autrichiens. Le vieux
roi mourut de chagrin en entendant tonner le canon dans ses Etats. Son fils, père de notre Caroline,
se conduisit habilement dans ces circonstances dif-
ficiles. Il demanda à l'empereur d'Autriche que ses
troupes n'entrassent pas à Naples. Profitant de la
terreur qu'inspiraient les soldats allemands , il réor-
ganisa le gouvernement, donna à son peuple une
Constitution sage; il fit sortir de son pays deux mille
cinq cent carbonari enragés, qu'il livra aux Anglais,
pour aller peupler les îles lointaines. On remarqua
que tous ces Italiens emportèrent chacun une guitare.
Un Anglais, qui toucha à leur demeure depuis,

m'a dit que les carbonari avaient enseigné la musique aux sauvages, et qu'ils se battaient continuellement entr'eux : cela arrive assez souvent parmi les coquins.

Au commencement de 1824, il arriva une espèce de miracle à la cour. Le Roi, qui depuis long-temps ne pouvait se servir de ses jambes que difficilement, en retrouva l'usage, et put se promener, même dans les jardins, ce qui causa une joie générale. La duchesse de Berry avait toujours gardé le deuil. Le Roi lui dit un jour, en lui montrant son fils : « Quittez ces habits lugubres, vous n'êtes plus veuve. » Les élections continuèrent à être bonnes. Le parti libéral avait encore quelques soutiens. Il en perdit plusieurs par un évènement affreux. Le comte de Girardin, un d'eux, qui avait cessé d'être monarchique parce qu'on lui avait pris sa préfecture, habitait une terre près de la Seine, la même dans laquelle fut enterré Rousseau. Il y recevait ses amis. Un jour il y réunit Benjamin Constant, qui avait eu un œil crevé, en 1822, dans une rixe, et que l'on appelait depuis *Benjamin Cocles*, Manuel, de Marçay, La Fayette, et le mystérieux Bignon. Ces messieurs voulurent se promener en bateau ; une ondée terrible vint les assaillir ; tous s'agitèrent pour parer la pluie ; un d'eux tomba, fit chavirer la barque, qui entraîna avec elle tout le monde. Ces cinq messieurs furent noyés. C'était des hommes d'un grand talent, La Fayette près ;

mais ils employèrent mal leur mérite. Ils crurent passer à la postérité. Aujourd'hui, que de gens célèbres de leurs jours, par le scandale, sont oubliés depuis long-temps !

Le fameux poëte Lamartine fit paraître, dans la même année, sa belle tragédie d'*Othon*. Louis xviii fut à la première représentation.

La bonne intelligence qui régnait entre la France et l'Angleterre, pensa être troublée par des démêlés de commerce ; mais Frédéric 1er fit les premiers pas, et tout s'apaisa. Notre ambassadeur, le comte de Castellane, pair de France, avait déjà quitté Londres.

On eut de vives inquiétudes pour la vie du duc de Bordeaux. Cet intéressant enfant était d'une vivacité extrême. Un jour, en sautant d'une chaise, il tomba, et se donna un grand coup ; il fut très-malade ; son admirable mère lui donna une seconde fois la vie, par ses tendres soins ; elle passa quinze nuits, sans se reposer, auprès du berceau de son fils. Si tu avais vu la terreur qui régna alors dans la France ! on accourait de partout, on campait sur les places publiques de Paris, pour apprendre des nouvelles sur l'état du jeune Prince ; enfin il fut sauvé. Les fêtes alors commencèrent. Le commerce de Bordeaux donna un million aux pauvres, en actions de grâces.

La fin de 1824 vit mourir le pape Pie vii. Ce pontife, dont la vie fut si agitée, voulant apaiser un tumulte, se présenta à la fenêtre de son palais ; une pierre lancée par un forcené le frappa à la poitrine ;

il mourut quelques jours après. C'était le pape qui avait régné le plus. Le cardinal Doria, élu après lui, prit le nom de *Pie* VIII. L'envoyé pontifical apportant la nouvelle de son élection à Paris, remit la barette de cardinal à l'évêque de Chartres, aumônier du comte d'Artois.

Cambacérès, qui avait été archichancelier sous Napoléon, mourut alors ; il s'était jeté dans la dévotion, mais une dévotion commode ; quoique trèspieux, il avait conservé le meilleur cuisinier de France, et les plus beaux marmitons.

L'année 1825 fut fertile en grands événemens dans toute l'Europe. En Espagne, Ferdinand VII courut risque de la vie dans une émeute populaire qui commença une nouvelle révolution ; il fut obligé de se retirer à Saragosse ; l'Arragon, la Biscaye et d'autres provinces lui restèrent fidèles.

Le général Beurnonville entra dans la Navarre avec une division ; les habitans l'accueillirent avec transport, s'emparèrent du célèbre Mina, leur commandant, et le pendirent, malgré les efforts que fit le général français pour l'arracher de leurs mains.

Tandis que l'Espagne était en feu, la France souffrait d'un froid excessif, et d'une espèce de famine ; il y eut du trouble dans le mois de février. Tandis que du côté de l'Alsace et de la Lorraine, les troupes allemandes entraient sur le territoire, sans aucune raison plausible, le Roi ordonna aussitôt que les troupes se portassent sur ce point. Le duc d'Angoulême partit avec elles. Paris se trouva dégarni de troupes ; les Suisses s'étaient portés sur Orléans et sur Rouen. Les jacobins, qui étaient comprimés, mais non détruits, se remuèrent. Le crime veille toujours ; on le croit abattu, c'est qu'il fait le mort. Il se forma alors dans la capitale une conjuration, qui échoua heureusement.

Le 1er avril au soir, dans une nuit épaisse et pluvieuse, une nuée de brigands se jettent sur les Tuileries. Pour mieux réussir, ils s'étaient couverts de l'habit de garde national. Ils accablent les postes de tous côtés ; la grille est brisée ; les scélérats se répandent dans les appartemens ; les cent Suisses, les grenadiers se font hacher sur les escaliers du château. Les jacobins pénètrent jusqu'à la chambre à coucher du Roi ; les gardes du corps leur opposent une résistance opiniâtre, et se font massacrer ; c'est avec leurs corps que les conjurés enfoncent la porte. Louis xviii s'était levé seul, et, comme Coligny, il s'offre noblement aux coups des assassins ; mais ceux-ci n'ont pas le temps de consommer leur crime. Dix gardes du corps s'élancent d'une autre porte, et se rangent autour du Roi ; quatre tombent à ses pieds, percés de coups ; les six autres font fuir les lâches agresseurs.

D'un autre côté, les conjurés cherchaient à immoler le jeune duc de Bordeaux. Sa vigilante mère a entendu les cris ; elle s'empare des destins de la

France. En sortant de son appartement, elle rencontre une poignée de vieux grenadiers : les braves l'enlèvent avec son fils, et la sauvent de la rage jacobine. Cependant, des soldats fidèles arrivaient de toutes parts ; ils étaient guidés par le général Defrance. Les conjurés se forment en bataille dans la cour extérieure des Tuileries ; leur contenance annonçait qu'ils voulaient recommencer la lutte. La duchesse de Berry descend avec son fils, affrontant les balles qui pleuvaient de tous côtés. Un grenadier de la garde prend le jeune Prince sur ses épaules, et le place sur son sac ; l'enfant, loin d'être effrayé, était excité par le mouvement qu'il voyait autour de lui ; il se mit à crier, avec sa petite voix : Marchons ! marchons ! Cet ordre, passé de rang en rang, fit élancer les soldats ; une simple charge suffit pour déblayer toute la place. A huit heures du matin, tout était fini. Le général Defrance reçut à la parade le bâton de maréchal et le cordon bleu.

La victoire que venait de remporter le génie du bien, coûta cher à la monarchie ; cette attaque nocturne fit mal à Louis XVIII ; ce Prince, alors âgé de 70 ans, tomba malade ; la France eut à le pleurer un mois après. Sa santé rétablie, promettait d'autres années ; ce qui serait arrivé, sans ce terrible évènement. Le monarque mourut en philosophe chrétien, couvrant de caresses le jeune Prince. « Je n'ai pas eu le temps, dit-il, de lui ensei-

gner à aimer les Français. » Les pleurs de la patrie
furent son oraison funèbre.

ALPHONSE.

D'où était donc sortie cette foule de brigands qui
tombèrent sur les Tuileries ?

L'OCTOGÉNAIRE.

Les conjurés avaient ouvert toutes les maisons de
détention à la fois, après en avoir égorgé la garde ;
il sortit de là plusieurs milliers de vagabonds, séduits autant par le plaisir de la liberté que par l'espoir du pillage. On se servit de leur affreux courage ; ils méritaient bien d'être les auxiliaires du
crime. Les détenus pour dettes de la maison Sainte-
Pélagie refusèrent de prendre part à la rébellion ;
plusieurs de ces malheureux furent maltraités. Le
Roi les fit tous sortir.

Charles x, en montant sur le trône, avait à venger la mort d'un frère chéri. Il déploya contre les
coupables, de ces mesures énergiques faites pour
arrêter le crime dans sa marche, et dont les méchans ont seuls peur. Il imita le roi de Naples ; il
prit plus de quatre mille mauvais sujets ; il les envoya aux îles françaises. Les carbonari avaient em-
porté des guitarres ; ceux-ci prirent avec eux des
livres de politique, et se battirent entr'eux, même
sur les vaisseaux de transport. Il y avait parmi eux
des publicistes, des extravagans appelés *doctrinaires*,

(38)

des artistes même, qui s'étaient fourré dans la tête
que les arts ne pouvaient fleurir que sous le règne
de l'anarchie : aveugles qu'ils étaient, ils ne voyaient
pas que ces arts n'avaient brillé d'un grand éclat en
France que dans le règne de Louis xiv. Mais il faut
que tu saches qu'un des travers de ce temps était
d'attaquer continuellement ce siècle. Beaucoup d'é-
crivains, vrais avortons, ne se distinguaient que par
leur acharnement contre ce grand Prince.

ALPHONSE.

Cela m'étonne bien ; car pour avoir le droit d'attaquer le siècle de Louis xiv, surtout du côté des
arts et des sciences, il aurait fallu, ce me semble,
faire mieux que lui ; je ne vois, dans la fin du 18e
siècle et le commencement du 19e, ni une bonne
tragédie ni une bonne comédie, enfin un de ces ou-
vrages qui font l'honneur d'une nation.

L'OCTOGÉNAIRE.

Ce que tu dis-là est très-juste, mon enfant ; tu re-
marqueras aussi que lorsque les lis eurent repris ra-
cine sur notre terre, le génie commença à enfanter
de nouvelles merveilles. Lamartine, Lebrun illus-
trèrent la scène, de nouveaux poëmes épiques furent
traduits dans toutes les langues. Nous n'enviâmes plus
à l'Italie sa musique ; la nôtre, plus noble et aussi
gracieuse, est devenue européenne ; le burin et le
pinceau se surpassèrent à l'envie. Que de merveilles
se préparent pour toi, mon fils ! tu en jouiras, et

moi je descendrai dans la tombe, satisfait de les avoir vu naître.

Mais reprenons le cours de ma narration politique.

La guerre, qui paraissait inévitable avec toute l'Allemagne, n'eut pas lieu. Les corps d'armée éloignés de Paris, apprirent avec horreur la conspiration; leur colère ne fut égale qu'à l'admiration qu'ils eurent pour le courage de la duchesse de Berry, et l'audace précoce de son fils. Le philosophe observateur vit avec plaisir qu'il était arrivé au temps où le soldat, au lieu de servir à la destruction des empires, en était devenu le soutien.

Le duc d'Angoulême, devenu Dauphin, revint à Paris avec la garde et la maison du Roi. Charles x voulut que le deuil de son frère remplît toute l'année. Il commença celle de 1826 par répandre des grâces; il donna des cordons bleus. Le comte de Castellane, le duc de Mortemart, le vieux Nantouillet, l'ami de cœur du duc de Berry, le maréchal Lauriston, Bordesoult, le comte de Ferrières, de l'ancienne marine, le cardinal de Latil, obtinrent cette faveur. Les maréchaux de camp de Vence, Saint-Chamans, Pothier, Beurnonville, furent faits lieutenans-généraux.

Le jeune duc de Bordeaux grandissait à vue d'œil; il avait déjà six ans; on le faisait monter à cheval. J'ai eu l'honneur souvent de saluer la duchesse de Berry, lorsqu'elle passait sur les boulevards, posée avec grâce sur son cheval, et tenant la bride du petit arabe sur lequel était son fils.

L'année 1827 vit faire de grandes améliorations. Le Roi, qui savait qu'un gouvernement ne peut bien aller sans les finances, embrassa le système d'éco-nomie; mais il marcha dans cette route d'un pas ferme; il ne s'amusa pas à réformer des employés à 1200 fr., comme cela arrivait chaque fois qu'on touchait au budget d'un ministère; d'un seul trait de plume, le conseil d'Etat n'eut plus d'appointe-mens; il absorbait à lui seul plusieurs millions, et n'était qu'un objet de luxe. Les ministres à porte-feuille et le président de la Chambre des députés furent réduits à 50,000 fr. La Chambre des pairs ne reçut plus rien. Le Roi se chargea de donner sur sa cassette, à quelques-uns de ses membres, de quoi vivre honorablement.

Les premiers commis de finances n'eurent plus de scandaleuses gratifications qui doublaient leurs appointemens. Les fastueux préfets furent aussi ro-gnés; aucun ne put avoir plus de 20,000 fr., excepté celui de la Seine, qui en eut 40. Il ne put exister dans les administrations des émolumens au-dessus de 15,000 fr. La nation applaudit à ces réformes; les hommes à gros salaires en pestèrent; le gouver-nement n'y fit pas attention; car qu'est l'existence de cent mille personnes par rapport à celle de 28 millions d'habitans? La marine surtout fut grande-ment diminuée; son administration était très-coûteuse ; et à quoi servait la marine ? car une nation sage ne cherche pas à primer partout. L'Angleterre n'avait pas la prétention de dominer sur le conti-nent; il était donc fort inutile de chercher à lutter avec elle sur mer.

La marine coûtait 45 millions ; son budget fut réduit à 10 millions, son administration et son personnel réunis à la guerre, dans les mains habiles du maréchal Lauriston.

Le ministère de la justice coûtait à lui seul de quoi faire aller toute la machine ; il fut grandement rogné.

Les domaines et les douanes furent réunis, et donnés à M. de Labouillerie.

La police cessa d'être si puissante et d'épouvanter autant le bon que le méchant ; ses fonds secrets furent supprimés ; elle fut réunie aux Postes, et confiée à M. de Bourienne (1), homme de beaucoup d'esprit, dont la fermeté égalait la capacité ; il connaissait les hommes et les choses ; il mourut dans un âge avancé, s'étant fait une grande réputation dans sa place ; il fit un règlement de police très-sage, d'après lequel les changeurs de monnaie et de billets ne purent à l'avenir étaler ostensiblement leurs espèces. M. de Bourienne, qui connaissait le cœur humain, savait quelle sensation pénible agitait le

____

(1) M. de Rancogne lui fut adjoint pour les Postes.

malheureux, à la vue d'un tas d'or dont il n'était séparé que par un grillage.

Crois-tu que le sage Prince poussa l'attention jusqu'à faire inviter les chefs de bureaux, et généralement tous les employés, d'être polis avec tout le monde ; malgré la ténacité de ces messieurs à rester encroûtés dans la rudesse, on parvint à les rendre doux et honnêtes, comme ils le sont aujourd'hui.

M. de Pradel, ministre de la maison du Roi, qui avait dans ses mains la liste civile, donnait à une danseuse, quand elle était jolie, 3ooo, 6ooo fr. à titre d'encouragement, et 5o francs à la veuve d'un brave officier. Il fut prié de faire l'inverse.

ALPHONSE.

Le fit-il?

L'OCTOGÉNAIRE.

Certainement ; c'était au reste un très - brave homme, estimable sous tous les rapports, mais protégeant trop les futilités. On n'avait qu'à lui dédier une tendre romance pour recevoir ses dons ; aussi il lui pleuvait des dédicaces. L'Autriche et la Turquie se déclarent la guerre à la fin de 1827.

Buonaparte, cloué sur les rochers de Sainte-Hélène, termina sa carrière en 1828. Cet homme si terrible, qui avait fait trembler l'Europe, mourut comme un gros chanoine, la tête sur un bon oreiller. Cet évènement ne fit pas la moindre sensation dans le public. Napoléon n'avait plus de partisans. On ne se rappelait plus de lui. La maison de Bourbon avait créé trop d'intérêts nouveaux. Les Anglais ne furent pas fâchés de cette mort ; la garde de l'ex-empereur leur coûtait 3o millions par an.

Le Roi, le jour de sa fête, fit revivre la charge de connétable ; il en donna l'épée au maréchal Macdo-nald, la première survivance au maréchal Victor, et la seconde au maréchal Oudinot. L'armée vit avec plaisir cette innovation, et applaudit au choix.

Le budget de cette année, par suite des réformes économiques, offrit une diminution de 5o millions. Un message du Roi annonça à la Chambre des députés, qui était présidée par M. de Labarthe, du Calvados, vice-président, que les contributions foncières étaient diminuées de 4o millions. Les mandataires du peuple firent entendre des cris de joie. Le côté gauche mar-cha vers le côté droit, ébranla dans sa marche le cen-tre, et, pour la première fois, il se fit une franche réconciliation. On se promit de ne discuter que pour offrir des moyens de faire le bien, et aider le Mo-narque dans ses nobles travaux. L'agriculture reprit de l'activité. La diminution des taxes augmenta la valeur des terres, ce qui fit baisser un peu les fonds : ils tombèrent à 68, de 71 qu'ils étaient.

Les années 1829 et 3o se passèrent dans un calme parfait ; cette opposition qui s'était montrée si terrible dans les sessions 1818, 1819, 20 et 21, n'était plus menaçante. Abjurant des doctrines faus-ses, agissant de bonne foi, elle cessa de paraître l'ennemie de la maison régnante ; elle se borna à chagriner le pouvoir ministériel ; elle fut souvent secondée dans cela par le côté droit. Les débats de la représentation nationale cessèrent d'être scandaleux ; on n'y vociféra plus, et la politesse y fit sentir son empire. A la fin de la session de 1830 , un membre du côté droit fit la motion de faire offrir à la duchesse de Berry une augmentation de sa liste civile, pour parer aux dépenses de l'éducation de son fils ; il fut appuyé vivement par une partie du côté gauche et tout le centre ; mais on n'eut pas la peine de discuter sur la quotité des fonds ; la Princesse envoya son cheva-valier d'honneur, le prince de Beaufremont, remercier l'assemblée en termes affectueux, et la prévenir qu'elle se contentait de ce qu'elle avait. Un homme, en apprenant ce refus, s'écria : « J'en suis fâché ; les malheureux y perdront. » Il y eut, cette année, une mortalité dans les ambassadeurs français ; ils moururent presque tous. M. de Beaurepaire fut envoyé à Vienne, avec M. Benoist fils, secrétaire d'ambassade ; M. de Chastelux à Berlin, avec M. de Behague ; le duc de Chevreuse à Londres, avec M. de Labarthe, jeune diplomate d'un grand mérite ; M. le marquis de Rougé à Madrid, avec M. Barillon ; M. de Caraman à Saint-Pétersbourg, avec M. de Mallet. Je te parle des secrétaires d'ambassade, parce que je les ai vus enfans, et parce qu'ils ont fourni une carrière brillante.

Frédéric 1er envoya en France le lord Merville, porter à Charles x l'ordre de la Jarretière. Le monarque français dépêcha le comte d'Astorg, pour prier le roi d'Angleterre d'agréer en échange le collier de ses ordres.

On fit quelque changement dans l'état militaire, en 1831. Il fut décidé que l'infanterie française, en entrant en campagne, quitterait l'habit blanc, qui était peu propre à faire la guerre, et qui pouvait la confondre avec les troupes autrichiennes. Chaque régiment eut un dépôt d'habits bleus. On réforma l'uniforme grotesque et anti-national des voltigeurs verts ; on créa douze régimens d'infanterie légère.

Les casques wurtembergeois des chasseurs de la garde avaient disparu depuis long-temps. On vit reparaître la crinière des dragons, parure militaire nationale depuis Louis xiv ; elle remplaça la chenille bavaroise. Lafitte, banquier célèbre, un de nos meilleurs financiers, se brûla la cervelle : la politique lui avait tourné la tête.

M. de Villèle est nommé ministre de l'intérieur, Desèze de la justice, Mollien des finances, Benbist des relations extérieures. Il n'y avait plus de président des ministres depuis long-temps : c'était le Roi qui présidait ; à son défaut, le dauphin. La duchesse de Berry tomba malade vers le milieu de l'année. Les médecins lui ordonnèrent l'air du Midi. Elle partit pour Bordeaux avec son fils. Employé alors dans la maison de cette princesse, j'eus l'hon-

neur d'être du voyage. Tu ne peux pas te faire une
idée de l'enthousiasme qui éclata sur notre passage.
Les fêtes nous accompagnèrent depuis Paris jusqu'à Bordeaux. Il n'y avait pas un espace de cent
pas, sur les routes, qui ne fût couvert de monde.
Le Roi donna à sa nièce cinq millions, pour qu'elle
pût satisfaire le plaisir qu'elle avait à répandre des
bienfaits. La dauphine ne pût l'accompagner, à
cause de l'état souffrant de son époux.

La ville de Bordeaux était dans l'ivresse à notre
arrivée. Je crus voir Tyr ou Carthage. Le jeune duc
et sa mère furent promenés par le peuple. Une dé-
putation des corporations de la ville demanda à la
duchesse de permettre que son fils apprît à parler
gascon. Les Bordelais n'avaient point oublié que
Henri IV et Louis XVIII aimaient à parler ce patois.
La princesse y consentit en riant. L'honneur d'avoir
un pareil élève fut bien disputé ; des candidats furent présentés ; on tira au sort ; il favorisa un jeune
batelier-troubadour dont les chansons sont devenues célèbres dans la contrée.

Tu as lu un ouvrage ingénieux appelé l'*Ermite
de la Chaussée-d'Antin*. Son auteur, M. de Jouy,
homme de beaucoup d'esprit, fut à Londres cette
année, pour saisir quelques traits comiques du
caractère anglais. Galant, quoique vieux, il fit la
cour à une lady, la séduisit par son amabilité, fut
favorisé, et, surpris par le mari, il fut jugé d'après
les lois de l'Angleterre, et condamné à payer quatre

mille livres sterling, à peu près cent mille francs.
Ne voulant pas payer, comme tu le penses bien, il
s'esquiva; et craignant de rentrer en France, où
cette histoire avait fait grand bruit, il s'embarqua
pour aller en Amérique; mais il se fit un quiproquo,
lors du départ des différens vaisseaux qui se trouvaient à Plimouth. Au lieu d'aller aux États-Unis, il
arriva, après une longue traversée, à Saint-Do-
mingue, chez Christophe, le prince noir. M. de
Jouy trouva cette aventure bizarre, et se décida à
rester parmi les nègres. Il avait plu à leur maître
par son originalité spirituelle, lui fut même utile
par ses conseils; enfin, il fut accablé de dons, et
créé duc de la Marmelade.

ALPHONSE.

Qu'est-ce que la Marmelade?

L'OCTOGÉNAIRE.

C'était le titre véritable d'un duché fondé par ce
Christophe. La guerre continuait; et la Porte-Ottomane, qui vit bientôt armer contre elle l'empereur
de Russie, on devina alors que le projet des deux
empereurs était de chasser les Ottomans du conti-
nent européen. Les Turcs se défendirent bien. Un
nombre infini d'officiers français et anglais se mirent
au service des puissances belligérantes. François II
admit dans ses armées un Français que le gouvernement de sa patrie avait dédaigné, comme Louis

xiv avait dédaigné le prince Eugène. Cet homme était doué d'un génie inventif ; il fit changer le système militaire de l'Autriche, quant à l'artillerie ; il livra à l'empereur tous ses plans, à condition qu'il ne servirait jamais contre la France. Les terribles machines qu'il inventa portèrent le ravage dans les rangs des Turcs. On lui dut la prise de beaucoup de places fortes. Il est depuis rentré en France ; le gouvernement lui rendit justice ; et lui confia le matériel de l'artillerie, au ministère de la guerre. Il est mort depuis quinze ans. Je l'ai connu simple officier dans la garde royale, sous le règne de Louis xviii.

ALPHONSE.

N'a-t-il pas fait un cours de construction militaire, connu dans nos écoles sous le nom de *cours d'Hacquet ?*

L'OCTOGÉNAIRE.

C'était son nom : s'il avait vécu du temps de la vieille Rome, il aurait été aussi célèbre qu'Archimède.

Le jeune duc de Bordeaux entrait dans sa douzième année en 1832. Le Roi n'avait pas voulu que l'on fatiguât ses organes par des études prématurées. La duchesse de Berry et la dauphine lui apprenaient à lire, à dire les prières de notre divine religion, et lui faisaient réciter les fables de notre La Fontaine, dont la morale sublime semble avoir été faite pour

{(49)}

l'enfance. En 1832 , on songea à lui former l'esprit.
Le cardinal de Latil fut chargé de diriger son éducation. Voici les maîtres qu'on lui donna : L'abbé de
la Mennais et M. de Quélen , pour les dogmes reli-
gieux ; Lemaire, pour la langue latine ; Poinsot,
pour les mathématiques ; Cuvier , l'histoire natu-
relle ; Lamartine, la poésie française ; Mazas, l'histoire et la géographie ; Berryer, la législation.

ALPHONSE.

Le jeune Prince fit-il de grands progrès dans les
études ?

L'OCTOGÉNAIRE.

Son âme ardente ne trouva aucun charme aux
froides mathématiques ; le lever du plan lui parut
assez agréable, parce qu'il avait le coup-d'œil sûr.
Il apprit avec avidité les autres sciences, la poésie
surtout, et l'histoire de notre pays. La Dauphine
et la duchesse de Berry continuaient à lui former le
cœur. Tu sais que saint Louis ne dut ses vertus
et son énergie qu'à sa mère Blanche de Castille. La
mort de l'ambassadeur de Danemark, le général
Valstentorf, fut un évènement dans Paris : c'était un
petit homme, coquet, quoique vieux, spirituel, et
qui avait vu tomber et créer tous les gouvernemens
en France pendant trente ans. On avait le plaisir de
le trouver partout où il y avait une réunion de dix
personnes de bonne compagnie. Il est à regretter
qu'il n'ait pas laissé des Mémoires, ils auraient été
du plus grand intérêt. M. Chateaubriand, celui qui

4

peignit en traits de feu les malheurs de Chactas et de son amie, mourut alors ; quelques jours après son trépas, une foule de dames se portèrent *au Père La-chaise;* une d'elles déposa sur la tombe du chantre d'*Atala*, une couronne d'immortelles.

L'Europe ne fut occupée pendant deux ans que de la lutte du croissant avec ses agresseurs. Le sultan ne pouvait plus résister : il se retira, en 1834, dans Constantinople, fortifia les Dardanelles, et se prépara à une vigoureuse résistance. Le lord Wellington, qui s'était trouvé en 1815 le généralissime des Souverains réunis contre Buonaparte, mourut cette année-là. Tu sais que les Anglais sont grands parieurs. Wellington se trouvant à la chasse, paria, avec d'autres seigneurs, qu'il franchirait, avec son cheval, un fossé immense ; mais son coursier glissa en faisant ce saut, et jeta son maître sur une borne de marbre. Le duc mourut sur le coup. L'État l'avait comblé d'honneurs et de dons. Je te ferai faire, à cette occasion, une remarque qui te frappera.

Le vice de tous les gouvernemens anciens ou modernes, monarchiques et républicains, fut et a toujours été de payer d'ingratitude les plus beaux services : l'Angleterre seule fait exception à la règle ; elle fut toujours reconnaissante envers les hommes qui méritèrent bien de la patrie. Ce système, constamment suivi, en harmonie avec la justice et la saine politique, n'est pas une des moindres causes de la prospérité de la Grande-Bretagne.

L'année 1835 fut remarquable pour l'Europe ;
l'Empire du croissant s'écroula sous les efforts de
l'Autriche et de la Russie. La plus belle partie de
l'Europe était livrée au despotisme, à l'ignorance ;
il était même étonnant que le drapeau de Mahomet
eût si long-temps flotté parmi nous ; car les Turcs
étaient pour les chrétiens de vrais ennemis.

Entre ces ennemis, il n'est point de traité.

Un auteur célèbre du siècle les peint ainsi :

« Voyez ces Turcs, spectateurs dédaigneux et hau-
« tains de notre civilisation, de nos arts, de nos
« mœurs, ennemis mortels de notre culte ; ils sont au-
« jourd'hui ce qu'ils étaient en 1454(1) : un camp de
« Tartares assis sur une terre européenne. » Le croissant, te disai-je, fut écrasé ; le sultan avait fait for-
tifier tous les points ; assiégé dans sa capitale, il se
fit tuer, non par grandeur d'âme, mais par fureur de
se voir vaincu. L'antique Bysance avait vu le noble
trépas de Constantin Paléologue. Elle vit aussi périr
dans ses murs le dernier successeur de Bajazet.

L'Autriche et la Russie se partagèrent les dé-
pouilles de la Porte ; mais l'Europe ne fut pas tranquille spectatrice de ce partage ; tout annonça qu'elle
serait bientôt en feu.

Le duc de Bordeaux embellissait et faisait l'espoir
de la France ; on trembla encore pour ses jours
cette année. On avait inventé depuis peu des pe-

____

(1) *Du Pape*, par le comte Mestre.

lits vaisseaux très-légers, d'une forme agréable;
qu'un seul homme, un enfant même faisait manœuvrer avec vitesse : la Seine en était couverte. Le
jeune Prince aimait les jeux de son âge, surtout les
exercices de corps; il montait avec grâce à cheval,
et maniait avec adresse un fleuret; son œil à la fois
vif et doux, annonçait qu'il aimerait les combats et
les belles. Il voulut manœuvrer seul un de ces vaisseaux; on le conduisit sur le canal de l'Ourcq; il ne
pouvait y avoir de danger. Cet exercice l'amusait
beaucoup. Une foule de spectateurs admiraient son
adresse. Un jour, une planche de son navire casse
dans le fond, l'eau pénètre et entraîne le jeune
Prince.; aussitôt mille personnes se jetèrent à la
nage pour le retirer; mais lui, aussi agile qu'un
poisson, revient seul au bord, tenant par les che-
veux un grenadier qui, sans savoir nager, s'était
précipité à l'eau, et qui allait périr victime de son
beau dévoûment. Le Prince et le soldat furent portés en triomphe aux Tuileries.

Charles x tomba malade à la fin de l'année; il
s'éteignit sans souffrances. Vers le milieu de l'année
suivante, il descendit au tombeau le même jour que
son frère Louis xviii, pleuré, comme lui, de tout le
monde. Le duc de Bordeaux fut inconsolable, et sa
profonde douleur fut remarquée au milieu de la
douleur publique.

Louis xix se prépara à la guerre en montant sur
le trône. L'Angleterre, la Prusse et toute l'Alle-

magne, et même l'Espagne, voulurent avoir quelque chose des possessions turques. Le nouveau Roi, d'un caractère très-sage, n'éleva point de préten- tions ; il se borna à mettre sur pied une nombreuse armée, et à prendre cette contenance hardie qui convenait à la France. L'année se passa en grands préparatifs. Elle vit mourir les deux derniers régi- cides français ; après eux, ce mot fut rayé de notre langue.

ALPHONSE.

Quels étaient ces deux régicides ?

L'OCTOGÉNAIRE.

Fouché et Grégoire. Le premier, retiré en Bo- hême, visitait un jour une mine ; il s'avança trop près d'un large fourneau pratiqué dans la terre, le pied lui glissa, et il tomba au fond ; il fut consumé dans un instant.

ALPHONSE.

Quelle mort terrible ! c'est comme s'il était tombé dans l'enfer.

L'OCTOGÉNAIRE.

Le second périt aussi par le feu. Un jour il s'as- soupit dans son bain ; le robinet d'eau chaude s'ou- vrit. Grégoire fut cuit entièrement.

La guerre éclata. La Prusse et toute l'Allemagne, les Pays-Bas, le Piémont et l'Angleterre se liguèrent contre l'Autriche et la Russie. Cette dernière puissance était occupée fortement du côté du Pruth, par le reste des Turcs. L'Angleterre s'accommoda, moyennant qu'on lui donnerait toutes les îles de l'Archipel. La France voulut pendant long-temps rester sur la défensive; mais, pressée de se décider, elle profita de cette occasion pour rattraper les anciens départemens français. Le militaire fut enchanté de la guerre. Des malveillans, anciens ennemis des Bourbons, disaient hautement qu'elle ne serait pas heureuse, comme si les Français d'aujourd'hui n'étaient pas de la même trempe que les vainqueurs de Fontenoy. Le Roi combla les vœux du duc de Bordeaux, en lui permettant de faire ses premières armes de suite. Quatre escadrons de différens régimens de cavalerie de la garde furent formés en un seul, sous le commandement du duc, et reçut le nom de *chevau-légers du Prince*. Le Roi, dans une parade, remit l'étendard à son neveu; lequel, se portant sur le front du régiment, adressa aux soldats cette harangue d'une voix forte et sonore : « Chevau-légers, voilà cet étendard que le Roi vient de confier à votre zèle et à votre valeur; jurons tous que les ennemis de la France, notre belle patrie, ne l'arracheront de nos rangs que lorsque le dernier de nous aura mordu la poussière! Jurons-le! » Nous le jurons! s'écrièrent les guerriers en brandissant leurs sabres. Le Prince mit son cheval au galop, et remit l'étendard à un officier. Je crus, voir le génie de France portant l'oriflamme.

Avant de partir de Paris, le duc de Bordeaux eut le plaisir de voir l'établissement des deux filles anglaises que son père avait laissées. Le Roi les nomma comtesses, les dota, et les maria à deux généraux de la garde. L'armée se mit en mouvement sous le commandement du connétable Macdonald. Cet illustre guerrier avait, comme Villars, tout le feu de la jeunesse dans un âge avancé. Les opérations commencèrent par chasser du territoire les troupes hollandaises ; on les suivit jusqu'auprès de Charleroi ; là il se livra un combat entre deux divisions de la garde et un corps d'armée belge. Nous fûmes forcés de reculer, parce que nous manquions d'artillerie, et que les ennemis en avaient une considérable. Le duc de Bordeaux protégea la retraite avec son régiment. Il y eut près d'un ruisseau une mêlée très-vive ; le Prince dégagea le duc de Montébello, et reçut un coup de sabre au beau milieu de la figure ; la blessure n'était rien, mais elle laissa une cicatrice qui sied à merveille à sa jolie physionomie. Quelques jours après, toute l'armée française se trouva réunie auprès de Mons. Le connétable décida d'accabler d'un seul coup les ennemis. Il joua l'hésitation. L'armée combinée de Prusse, des Pays-Bas et de Bavière, supérieure à la nôtre, voulut nous écraser. Ton père se trouvait alors dans le régiment des chevau-légers. C'est lui qui m'a tout conté. L'armée française déboucha dans la plaine

par un passage dangereux ; elle ne se formait en
bataille que très-difficilement. Les ennemis offrirent
une ligne immense d'infanterie ; ses ailes étaient
protégées par une nombreuse artillerie, dont le feu
se croisait ; elle était soutenue par des masses de
cavalerie ; il semblait impossible de la percer. Le
connétable, après avoir cherché à ébranler le front
de cette ligne par des attaques partielles, réunit six
mille hommes de cavalerie, qu'il forma en colonne
serrée sur le régiment des chevau-légers. Le duc
de Bordeaux se trouva donc en tête de cette colonne. Le général en chef, aussi politique que bon
militaire, pensa que, loin d'éloigner du danger l'héritier du trône, il fallait lui fournir au contraire les
moyens de le braver, afin de faire voir à toute la
France qu'il était digne de régner sur elle. On mit
auprès du duc de Bordeaux deux généraux de cavalerie expérimentés, Colbert et Larochejaquelein,
et un brillant état-major. La colonne se mit en
marche au petit trot ; mais vingt pièces de canon qui venaient d'arriver sur une hauteur, la fou-
droyaient, et allaient la rompre. Quatre escadrons de
gardes du corps, commandés par le vieux général
Raisé, reçurent l'ordre d'aller enlever cette position ;
ils gravirent la hauteur au galop, tuèrent les canon-
niers sur leurs pièces ; ce trait d'audace se fit dans
l'espace d'une demi-heure. Alors la cavalerie française toucha la ligne ennemie, et la rompit ; mais
les masses qui se trouvaient derrière celle-ci, ar-

rivèrent pour la soutenir ; la lutte devint tér-
rible ; le jeune Prince s'élança comme un lion,
comme Henri IV à Fontaine-Française. Les hussards
de la mort prussiens reçurent ses premiers coups ;
les soldats, enflammés par son exemple, se battirent
comme des enragés. Son cheval est tué sous lui ;
une foule d'officiers supérieurs, fils d'anciens généraux, lui font un rempart de leurs corps ; c'étaient
Gudin, Berthier, Godinot, Castellane. Il remonte
sur un nouveau coursier ; il décide enfin, par une
charge brillante, de la déroute de la cavalerie ennemie. Il ne revint que tard au quartier-général.
L'infanterie ennemie avait été où tuée ou prise ; un
matériel immense et 10,000 prisonniers tombèrent
en notre pouvoir. Depuis la bataille de Lawfelt,
c'est-à-dire depuis près d'un siècle, les Français
n'avaient point remporté une grande victoire sous
le drapeau-blanc. Celle de Mons fut mise à côté
d'Austerlitz et de Wagram, par les vieux militaires.
En voyant arriver le Prince, le connétable le prit
dans ses bras, en lui disant : « Mon brave, la naissance vous a donné ce ruban bleu que vous portez ;
le courage vient de vous donner ceux-ci. » En même
temps il détacha ses croix de saint Louis et de la
Légion-d'Honneur, et les attacha sur la poitrine du
jeune héros. Tous les soldats voulaient toucher le
duc ; ils disaient, dans leur langage énergique :
« C'est un fameux petit lapin ; il a du poil aux
yeux. »

Je ne puis te dire les noms de tous ceux qui se distinguèrent ; les gardes du corps prirent à eux seuls dix drapeaux. Un de leurs officiers, le comte d'Orsay, se jeta au milieu d'un escadron ennemi, et reçut, sur la figure, plusieurs coups, ce dont les femmes furent très-fâchées, car il était très-joli homme. Le valeureux général Digeon fut tué à côté du Prince, et allait être fait maréchal. Le Roi fit mettre le bâton fleurdelisé sur sa tombe.

Le connétable, profitant habilement de la victoire, ne s'arrêta pas : bientôt toutes les places fortes de la Belgique tombèrent en notre pouvoir. La guerre continua toute l'année 1839 ; mais on ne fit que des siéges. Le duc de Bordeaux revint à Paris au commencement de 1840, suivi de quelques jeunes officiers dont il avait fait ses compagnons d'armes. On remarquait parmi eux le jeune Ney, fils du maréchal, qui s'était distingué à la bataille de Mons. Tout le monde se portait sur les routes pour voir le jeune Prince. Sa famille le reçut avec transport. Sa figure, frappée par le soleil, était plus mâle ; son corps était entièrement formé : les femmes, aimant la gloire, surtout lorsque ses enfans sont beaux, étaient aux fenêtres et agitaient leurs mouchoirs. Ce spectacle, nouveau pour le jeune Prince, porta dans son âme une noble ardeur ; son coursier le sentit, et se mit à caracoler.

Quelques jours après son arrivée, le Roi l'admit dans ses conseils. Il fit paraître bientôt, dans les dis-

cussions du conseil d'Etat, un aplomb, une jus-
tesse de raisonnement qui furent admirés par les
hommes vieillis dans les affaires. Les progrès que sa
raison faisait à cette grande école, ne détruisirent
pas cette franche gaîté, l'ornement de son âge, ce
brillant, cette légèreté enviée aux Français.

La campagne de 1841 s'ouvrit par la prise de Berg-
op-Zoom et le siége de Mayence. Cette dernière ville
se rendit quelques mois après; les habitans, qui
avaient été Français pendant vingt-cinq ans, reçurent nos soldats avec acclamations. Le duc de Bordeaux quitta une seconde fois la capitale pour passer le Rhin. Il franchit ce fleuve avec toute l'armée.
Il tressaillit en touchant cette terre d'Allemagne, où
nos armées avaient moissonné tant de lauriers. Il
se montrait impatient d'y joindre les siens; les soldats, les officiers brûlaient de voir ses désirs accom-
plis. La marche rapide de notre armée au cœur de
l'Allemagne fut arrêtée par des ouvertures de paix.
La Bavière était presqu'envahie; nos tirailleurs
étaient aux portes de Munich. L'Angleterre voulut
être médiatrice; c'était un rôle nouveau pour elle.
Les hostilités cessèrent; il fut conclu un armistice
de six mois. Pendant ce temps-là, le duc de Bordeaux ne resta pas oisif; il commença une étude
qui, pour un Prince, surtout un Prince guerrier,
est très-utile. Il se mit à étudier le caractère du soldat, voulut connaître les détails les plus minutieux
de sa vie pénible, ses besoins, ses jouissances; cher-

cha à diminuer les uns et à ennoblir les autres. Le soldat, pour lequel ce Prince faisait paraître tant de sollicitude, est l'être le plus reconnaissant de la nature. Ne l'oublie point, mon enfant, toi qui es destiné à lui commander ; c'est aussi le meilleur juge. Le duc de Bordeaux devint son idole. Un congrès se forma à Inspruk ; il n'y eut que des plénipotentiaires. MM. de Blair, de Reinhart, de Castelbajac et le duc de Fitz - James y vinrent de la part de Louis xix. Ils déclarèrent que leur maître continuerait la guerre, si on n'accédait pas aux conditions qu'il offrait ; attendu que la France ayant cherché à garder la neutralité , avait été attaquée. Ils demandèrent donc qu'on lui rendît , du côté des Pays-Bas, les trois anciens départemens , la Dyle , la Lys et l'Ourthe ; du côté du Rhin , tout ce qui appartenait à l'ancien Empire français , depuis Metz jusqu'à Mayence compris. Les habitans de cette ville demandaient à grands cris de vivre sous la domination paternelle des Bourbons : ils avaient arboré le drapeau blanc sur tous les édifices publics. Les plénipotentiaires des cours allemandes refusèrent ; mais la contenance de nos armées les intimida. Un corps de quarante mille hommes, réunis dans l'Alsace, commandé par le maréchal Defrance , était prêt à passer le Rhin sur ce point ; deux divisions de cavalerie commandées par les généraux Colbert et de Vence, étaient cantonnées à l'entrée du Hanovre. L'Angleterre craignant pour ce pays , qui lui appartenait, fit décider la paix. Elle fut signée vers le milieu de 1842, à Inspruk même. La France rentrait dans ses possessions, qui lui avaient coûté tant de sang au commencement du siècle. J'avais oublié de te dire que la guerre ne s'était pas faite avec cette fureur qui rendirent les luttes européennes déplorables depuis 1791 jusqu'à 1815. Notre armée n'étant plus un amalgame de Mamelouks, Polonais, Allemands, Italiens, etc. , comme sous Napoléon, ne comptant que des Français dans ses rangs, elle se montra parée de toutes les qualités qui sont propres à notre nation : l'humanité fut celle qu'elle pratiqua le plus. Les généraux suivirent le précepte du grand Bélisaire, qu'un soldat doit protéger les campagnes et non les dévaster; la tactique ne consista plus à jeter des masses d'hommes les unes contre les autres, à lancer des milliers de boulets dans une heure; nos succès furent dus non seulement à la valeur personnelle des chefs, mais encore à de savantes manœuvres, à des mouvemens bien calculés, à de ces ruses mêmes qui rendirent célèbres Annibal, Scipion et Fabius.

Une partie de l'armée resta dans les pays nouvellement acquis : les ordres les plus sévères furent donnés pour qu'on respectât l'habitant ; mais la discipline régnait dans nos troupes, personne n'enfreignit ses ordres.

L'année 1843 s'ouvrit par des fêtes. La cour était brillante : elle possédait une reine. Claude,

femme de François 1ᵉʳ, et Marie-Thérèse étaient
les deux seules princesses qui, filles de reine de
France, étaient devenues reines de France. L'a-
vènement de Marie-Thérèse au trône fit revivre
de nouvelles charges. Le royaume était tranquille
au-dedans et au-dehors, on pensa à marier le duc
de Bordeaux. Le choix embarrassait : le hasard fit
tout.

Nicolas Paulowitz, frère de l'empereur de Russie,
vint à Paris vers le milieu de l'année, avec sa fille
Charlotte Alexandra, jeune princesse très-belle,
âgée de dix-neuf ans. Tu penses que l'on fit à cet
illustre étranger le plus grand accueil. La galanterie
française se distingua ; on donna un carrousel devant
l'Ecole-Militaire ; le duc de Bordeaux était à la tête
de la quadrille romaine. Lorsqu'il parut, la jeune
princesse russe, qui l'avait vu en uniforme, ne le
reconnut pas ; mais remarquant sa bonne mine et la
grâce avec laquelle le Prince maniait son cheval, elle
demanda avec empressement à la duchesse de Chevreuse quel était ce cavalier. La duchesse sourit de
sa méprise, et lui dit que c'était l'héritier présomptif
de la couronne. La jeune personne rougit, et suivit
toujours des yeux le beau Romain. Le duc devint
amoureux de la nièce d'Alexandre. Il fut décidé,
dans le conseil, que l'on ferait la demande de la
main de cette princesse. Nicolas Paulowitz quitta la
France avec regret, et laissa voir quel plaisir il aurait de lui tenir de près. Au commencement de 1844,

M. de Mortemart, M. le marquis de Louvois, ca-
pitaines des gardes, le prince de Montmorency,
M. de Polignac, partirent pour Saint-Pétersbourg
avec un train brillant. Le prince de Montmorency
porta la parole ; il dit à l'empereur Alexandre que
le roi de France Henri 1er avait épousé, dans le 11e
siècle, une princesse russe ; qu'un autre Henri désirait faire asseoir sur le trône de saint Louis son
auguste nièce ; que cette alliance ne ferait que
resserrer les nœuds qui unissaient déjà d'affection
les deux nations. L'empereur répondit qu'il se trouvait honoré de la demande, mais qu'il désirait con-
sulter la famille impériale. Au bout du temps exigé
par les convenances, le monarque envoya chercher,
dans les voitures de la cour, les quatre seigneurs
français, leur donna une audience publique, et leur
annonça que la famille impériale russe agréait la
recherche de la main de Paulowna Alexandra. Le
cérémonial accoutumé se fit ; la princesse arriva en
France vers la fin de l'année, avec une suite nombreuse. J'ai vu toutes les fêtes. Je ne pouvais retenir
mes larmes d'attendrissement en voyant cet enfant
échappé par miracle aux attaques du crime, dont le
père était mort presque sous mes yeux, mener à
l'autel sa femme. Ce couple était charmant. La
France voyait, dans cette union, un nouveau gage
de tranquillité ; son bonheur était sans nuages. Son
commerce était florissant. Ces cachemires qui firent
pendant long-temps la fureur de nos belles et le dé-

sespoir des maris , avaient cessé d'être courus, parce qu'ils étaient devenus à bon marché ; car la mode est toujours esclave du prix. Un négociant , homme habile, nommé *Ternaux*, avait fait venir du Tibet des chèvres dont la laine faisait ce beau tissu appelé *cachemire*. Il trouva le moyen de les acclimater ; découvrit, après beaucoup de recherches , le procédé dont se servaient les Indiens pour donner un si vif éclat aux couleurs ; enfin il empêcha qu'un argent considérable sortît du royaume pour aller chercher à deux mille lieues des cachemires. Aujourd'hui les grandes dames n'en portent plus ; elles sont revenues à nos beaux velours et à nos magnifiques soieries.

ALPHONSE.

Mon père, vous avez oublié de me dire ce qu'était devenue cette fameuse reine d'Angleterre, qui eut un si grand procès.

L'OCTOGÉNAIRE.

Tu me rappelles de loin. Lorsque cette princesse eut fini ce fameux procès, elle quitta l'Angleterre, et se mit à parcourir le monde de plus belle ; elle marcha dans sa vie autant que le juif errant, dans une bonne voiture, bien entendu. Elle voyageait en Hollande dans l'année 1825 ; elle fut arrêtée subitement dans la nuit par une inondation ; elle fut obligée de s'arrêter dans un mauvais village. Le loge-

ment le plus convenable qu'elle put trouver fut
une petite chambre carrée, sans cheminée et
sans poêle ; il faisait extrêmement froid ; elle demanda du feu ; on eut l'imprudence de lui donner
du charbon mal allumé ; le lendemain on la trouvá
asphyxiée.

Le duc de Bordeaux fit promener sa femme dans
toute la France ; il était glorieux de pouvoir faire
admirer à celle qui devait être reine, toutes les merveilles de notre terre. Ce couple revint à Paris en
1845. Le duc continua à s'instruire et à répandre
des bienfaits, comme son père. Un jour il rencontra
sur les boulevards un homme âgé, avec une jambe
de bois ; un vieux habit, auquel était attaché un
morceau de ruban rouge, annonçait que celui qui
le portait était un brave malheureux. Où avez-vous
perdu votre jambe? lui demanda le Prince. — Monseigneur, je n'ose...—Comment, je n'ose.—C'est à
Waterloo.—Le Prince, hésitant... à Waterloo; c'est
égal, vous êtes Français, malheureux ; savez-vous
écrire?—Oui, monseigneur.—Eh bien, venez me
voir dans quelques jours, je vous donnerai une
place. En rentrant, le Prince demande au ministre
de la maison du Roi s'il y avait un emploi vacant. Il
est d'ordinaire que l'on réponde négativement quand
un Prince de la famille fait une pareille question.
Mais, dit le tout puissant ministre, si S. A. R. le
veut, on déplacera quelqu'un. S. A. R. s'indigne, et
répond : Monsieur, créez une place de 2000 francs,
j'en fournirai les fonds sur ma cassette. Lorsque le

vieil officier vint, on lui remit sa nomination. Il ne sut jamais d'où lui venaient les appointemens.

On fit quelques changemens dans le militaire cette année. Un ministre qui avait lu dans Montécuculli que la lance était la reine des armes, proposa de la donner à toute la cavalerie. Le Prince combattit vivement cette proposition, et fit tomber tout le monde de son avis en disant : « Je ne pense pas comme Montécuculli, le général allemand ; je suis Français, et je sais que nos soldats sont braves par nature ; que l'arme qui leur convient le plus est celle qui les éloigne le moins de l'ennemi ; aussi aiment-ils le sabre ; cette arme est aussi terrible dans les mains de notre cavalerie, que l'est la baïonnette dans l'infanterie. Méfions-nous des innovations, elles détruisent l'esprit national ; laissons aux peuples étrangers l'art d'attaquer leurs adversaires de loin. »

Notre législation reçut une grande amélioration au commencement de 1846. On fixa une loi d'après laquelle tout homme qui récidiverait, ayant été flétri, serait embarqué et envoyé dans les îles. Cette sage mesure faisait espérer qu'enfin la société serait délivrée de ces hommes accoutumés au crime, qu'une détention de quelques années ne faisait que rendre plus enclins au mal. Mais malheureusement la loi ne devait être mise en vigueur qu'au 1er janvier 1850.

La France était tranquille ; tous les hommes qui avaient figuré dans nos troubles politiques avaient disparu ; les nouveaux personnages étaient neufs....

ALPHONSE.

Vous avez oublié de me dire ce qu'était devenu ce Barras, si célèbre sous le Directoire.

L'OCTOGÉNAIRE.

Le vicomte de Barras, le moins féroce et le plus galant des grands acteurs de notre révolution, finit malheureusement. Se trouvant avec Mme Récamier aux montagnes russes, jeux d'exercice qui existaient alors, il voulut dégringoler ; le char se brisa ; ces deux personnes reçurent de si fortes contusions, qu'elles en moururent quelque temps après, en 1827 ou 28, je ne suis pas bien sûr. Il semblait que le Ciel poursuivait les régicides.

Montesquieu fait observer que les meurtriers de Charles Ier périrent tragiquement, *parce qu'il n'est guère possible*, dit-il, *de faire de pareilles actions sans avoir de tous côtés de mortels ennemis, et par conséquent sans courir de grands périls.* Si ce fameux publiciste eût vécu dans notre siècle, il aurait pu se convaincre, en voyant finir les coupables de la mort de Louis XVI, que la colère divine se joint à la vengeance des hommes pour punir de pareils forfaits.

Je te disais que la scène politique était occupée par des hommes nouveaux ; pendant très-long-temps elle le fut toujours par les mêmes, surtout depuis

1815 jusqu'en 1824. Lorsqu'on formait un ministère, on était sûr de voir leurs noms; le choix ne
roulait que sur une douzaine de gens que les libéraux avaient plaisamment appelés *les inévitables;* on
aurait dit que cette France, si peuplée de tout temps
d'hommes de mérite, en était entièrement dépour-
vue. En 1846, la machine allait hardiment, et tout
promettait que les rouages ne seraient usés de long-
temps.

La Russie et l'Autriche s'étaient partagé la Turquie européenne. L'empereur Ferdinand forma une
principauté de l'ancienne Grèce, la Macédoine,
l'Epire, l'Albanie, la Thessalie, et la donna à son
neveu le duc de Rheicstat, le fils de Napoléon; sa
capitale fut Salonique. François II avait fait élever
son petit-fils avec beaucoup de prudence, et avait
toujours éloigné de son idée la France, qui l'avait
vu naître dans la toute-puissance. Ce jeune prince
avait un goût particulier pour les sciences; tenant
du caractère allemand par sa mère, il était calme,
et passait tout son temps dans l'étude. Il partit avec
plaisir pour sa principauté, dont le sol était couvert
de grands souvenirs. Il s'est mis à civiliser ces peuples que les Turcs tenaient dans un avilissement
complet; je t'assure qu'il est très-heureux aujour-
d'hui. Moins puissant que son père, sa vie ne sera
pas agitée: il connaîtra le bonheur. Richard Crom-
well, devenu simple particulier, coula des jours
tranquilles; son père, au milieu de sa toute-puis-

sance, n'osait pas coucher deux nuits dans la même chambre.

L'Amérique espagnole s'était, en grande partie, séparée de la métropole. Un pareil évènement avait porté un terrible coup à l'Angleterre ; ce fut tout le contraire pour l'Espagne; malgré l'attente générale ; car, mon enfant, les calculs des plus fins politiques se trouvent toujours faux quand ils prédisent une chose probable. Le Mexique, révolté, se garda bien de vouloir une république, gouvernement impraticable pour régir les hommes nés sous des climats brûlans. Il élut pour roi un homme élevé en Europe, qui passait pour descendre directement de Montezuma. Il proposa à l'Espagne de vivre en bonne intelligence, à condition qu'il ne serait pas troublé dans ses volontés ; que, du reste, les Espagnols seraient exempts, pour le commerce, de toute espèce de droits, qu'ils jouiraient de grandes prérogatives; et qu'enfin les Mexicains offraient à l'Espagne un prêt considérable, qui serait remboursé dans l'espace d'un siècle. Ferdinand VII eut le bon esprit d'accepter ces offres. Les deux nations sont aujourd'hui très-unies, quoique sous un sceptre différent. Elles ont tiré toutes les deux de grands avantages de cet arrangement amical.

Au commencement de 1847, le duc de Bordeaux fut père d'un fils. On était inquiet de ne pas lui voir d'enfant depuis trois ans de mariage ; on disait même en Europe qu'il n'en aurait pas. On fut dans

le délire ; on était tranquille sur la race de Louis XIV.
Un vieil hussard de la garde, en voyant le royal
enfant, dit, en s'adressant aux ennemis de la France,
car les Bourbons n'en avaient plus : *Allez votre
train*, terme militaire de défi et en même temps de
satisfaction. Le Prince eut pour parain son grand
oncle Alexandre, quoique la religion s'y opposât ;
pour marraine, la vertueuse reine Thérèse. Cette
naissance si désirée fut suivie, contre toute attente,
de grands troubles. Je te conterai cela dans un autre
entretien.

TROISIÈME ENTRETIEN.

L'OCTOGÉNAIRE.

La naissance du comte de Lille fut suivie de fêtes.
On donna des cordons bleus et des bâtons de maréchal. M. de Montemart, et la plupart des maréchaux
existant aujourd'hui, furent nommés à cette époque ;
mais la joie fut troublée l'année suivante. L'Espagne, l'Italie, la Prusse et même l'Angleterre
avaient expulsé de leur sein, en 1847, des agitateurs
que la France reçut imprudemment, par suite de
sont système d'humanité. On disait que notre terre
avait toujours été l'asile du malheur : on aurait bien
pu faire exception pour le malheur coupable. Ces
hommes s'établirent à Paris, qui fut toujours le ré-
ceptacle de tout ce que l'Europe avait de plus impur.
Ils y portèrent leurs idées dévastatrices ; ils redonnè-
rent de la vie au jacobinisme français, qui allait tout

à fait expirer, et qui ne vivait que de tradition. Des écrits incendiaires reparurent ; on ne les arrêta pas. Le Français est une matière inflammable. Enfin, on était très-agité dans la capitale en 1849, lorsqu'une école du ministère vint attiser le feu. Un député de la Seine venait de mourir, c'était Péan de Saint-Gilles. L'opinion se partageait entre deux hommes très-recommandables ; mais l'un avait beaucoup plus de partisans que l'autre. Il joignait, à beaucoup de talent, une grande probité. Le ministère eut la maladresse de vouloir faire nommer son rival ; il s'y entêta, et échoua. Cela fit un mauvais effet, fit naître deux partis bien distincts, et mit l'autorité dans une très-fausse position. Le député élu fut reçu avec acclamation par la Chambre : elle était présidée par le vieux Castelbajac. Les têtes s'échauffèrent ; les agitateurs étrangers, qui espéraient trouver la fortune dans le trouble d'un pays qu'ils n'aimaient pas naturellement, en profitèrent. Des placards injurieux pour le gouvernement paraissaient partout. Les troupes étaient éloignées de la capitale : elles étaient occupées à garder les pays conquis, et restaient sur les frontières. Enfin, la bombe éclata ; les faubourgs se soulevèrent ; l'argent avait été répandu à pleines mains ; les mécontens marchaient par bandes sur les boulevards, allant vers les Tuileries ; ils se réunirent devant l'Ecole-Militaire, au nombre de quarante mille, disant hautement qu'ils voulaient que le Roi licenciât l'armée, renvoyât les Suisses et les gardes du corps, qu'il prît une garde civique, et qu'il changeât une partie de la Constitution. Louis XIX vit qu'il fallait agir de vigueur pour se tirer de ce mauvais pas et pour étouffer le mal dans sa naissance. Afin de parvenir à son but, il ne prit pas de ces demi-mesures si funestes ; il prit des moyens violens et certains ; il fit réunir toutes les troupes, les concentra sur les Tuileries ; le duc de Bordeaux se mit à leur tête, se porta à l'endroit où étaient les insurgés, et les dissipa par la force ; les régimens éloignés arrivèrent en poste, occupèrent toutes les barrières ; on fit défiler, sur les places, soixante pièces de canon ; le Roi envoya un message à la Chambre des députés, dont plusieurs membres étaient chefs des mécontens, par lequel il annonçait qu'il cassait la Chambre, qu'une ordonnance royale en convoquerait une nouvelle dans une ville quelconque, excepté Paris.

La capitale fut mise en état de siége ; cent pièces de canon furent distribuées sur les différentes montagnes qui la dominent ; un maréchal, un nombreux état-major et 50,000 hommes furent destinés à occuper Paris militairement. On en fit sortir 17,000 étrangers qui s'y trouvaient sans existence certaine ; ils furent jetés sur les frontières. Quelques jours après, le Roi, suivi de tous les ministres, quitta la capitale, et fut s'établir à Tours, sur les bords de la Loire. La France entière jeta un cri de satisfaction à la nouvelle de cette mesure. Les factieux en furent pétrifiés. On la croyait impraticable ; elle se fit sans aucune difficulté, parce que tout est possible à un gouvernement lorsqu'il veut fortement. Au reste, on avait vu Pierre-le-Grand quitter Moscou pour une raison semblable, et sa puissance n'en souffrit nullement. Pitt, en voyant naître la révolution, avait dit que, pour l'arrêter, il fallait que le Roi transportât le gouvernement hors Paris. Si Louis xvi l'eût fait le 1er janvier 1789 ! Buonaparte, en s'emparant de la puissance, en eut l'idée. Les départemens, calculant leurs intérêts, étaient satisfaits de ne plus voir accabler de grâces et de bienfaits les Parisiens, qui certainement n'étaient point les meilleurs Français. Les provinces méridionales surtout furent dans le délire de voir rapprocher d'elles le siége de l'autorité. Pour le monarque, il y gagnait sous tous les rapports. Paris lui rappelait à chaque pas de tristes souvenirs ; en effet, chaque rue avait été témoin d'un forfait célèbre ; on croyait voir errer les ombres de Coligni, d'Henri iv, des victimes de la Saint-Barthélemy, de Louis xvi, de Marie-Antoinette, des mitraillés de Saint-Roch, du malheureux duc de Berry. Tours était vierge de crimes ; nos Princes pouvaient la parcourir sans craindre de marcher sur quelque tache de sang royal.

Louis xix, affaibli par l'âge, mourut à la fin de l'année ; satisfait d'avoir préparé à son successeur ùn règne tranquille, par un coup d'Etat courageux. Il fut enterré dans le caveau de la cathédrale. Une foule d'habitans des campagnes affluèrent à Tours pour assister aux funérailles. La reine le suivit de près ; les pauvres de toute la France furent ceux qui s'aperçurent le plus qu'elle n'existait plus.

Henri v, en montant sur le trône, consolida ce que son oncle avait fait. Il convoqua une nouvelle Chambre, qui ouvrit sa session au commencement de 1850. On vit bientôt, par les discours des nouveaux députés, quelle sensation favorable avait faite sur la nation le changement de capitale ; il avait fait évanouir tous les rêves des méchans, et trompé leurs calculs.

En 1852, toute l'Europe, excepté la Russie, qui était occupée avec les Perses, se ligua contre la France ; mais à la voix du Prince, la patrie se leva en masse. Le fier Breton, le brave Normand, l'intrépide Alsacien offrirent leurs bras. Henri v n'attendit pas qu'on l'attaquât. Quatre corps franchirent à la fois les frontières. Tu connais les détails de cette mémorable campagne. Depuis Louis xv, un roi de France ne s'était pas montré en personne à la tête de ses troupes. Les rives de l'Elbe et du Danube furent témoins des exploits de Henri v. Ils passeront à la postérité. Déjà les arts ont ceint sa tête de la couronne de laurier, auréole des héros.

La France donna la paix à ses ennemis, et depuis

cinq ans aucun nuage n'a obscurci son bonheur.

(*Le fils de l'octogénaire, le père d'Alphonse, accourt, et dit :*)

Mon père! grande nouvelle!

L'OCTOGÉNAIRE.

Qu'est-ce?

LE FILS.

Un courrier venant de Tours donne la nouvelle que la reine vient de mettre au monde un second Prince, que l'on a appelé *le comte de Provence.*

L'OCTOGÉNAIRE.

Grand Dieu! que c'est heureux. Allons, mes enfans, *vive le Roi!* et disons comme le vieux hussard de la garde : *Allez votre train!*

TOUS ENSEMBLE.

Vive le Roi! Allez votre train!

FIN.